사마천 《사기》
명언명구 / 본기

사마천 ≪사기≫ 명언명구(본기)

© 이해원, 2020

1판 1쇄 인쇄__2020년 2월 10일
1판 1쇄 발행__2020년 2월 20일

지은이__이해원
펴낸이__홍정표
펴낸곳__글로벌콘텐츠
　　　　등록__제25100-2008-000024호

공급처__(주)글로벌콘텐츠출판그룹
　　　　대표_홍정표 이사_김미미 편집_김봄 이예진 권군오 홍명지 기획·마케팅__노경민 이종훈
　　　　주소__서울특별시 강동구 풍성로 87-6, 201호
　　　　전화__02) 488-3280 팩스__02) 488-3281
　　　　홈페이지__http://www.gcbook.co.kr
　　　　이메일__edit@gcbook.co.kr
값 13,800원
ISBN 979-11-5852-271-1 03150

사마천 《사기》 명언명구 / 본기

이해원 지음

글로벌콘텐츠

일러두기 ───

　본 저서는 2017년 3월 1일부터 2018년 2월 28일까지 고려대학교 글로벌비지니스대학 글로벌학부 중국학전공 교수 연구년 연구업적으로 수행한 것입니다.

　본 저서는 사마천의 역사서 『사기(史記)』 중 「본기(本紀)」 부분의 명언 명구의 연구로 성어와 관련된 부분의 원문을 번역하고 명언 명구에 대해 고찰하였습니다.

　번역의 경우 기존의 번역본을 참조한 결과 기존의 번역이 오역되거나 직역에 가까워서 주어나 목적어, 상황에 대한 명확한 보충이 부족한 것을 발견하였습니다. 그래서 명언 명구와 관련된 부분을 번역하면서 이러한 점에 유의하여 문장이 모호하고 이해하기 어려운 부분은 보충하여 번역하였습니다.

사마천 『사기』와 사드

사마천은 중국의 위대한 역사가이며, 『사기』는 중국의 첫 번째 정통 역사서이다. 그리고 사드(THADD)는 고고도 미사일 방어체계로 북한의 핵무기 위협에 대비하여 미국이 한국에 배치하는 무기이다. 이 무기의 한반도 배치에 대해 중국 정부가 반대하고 있다. 중국의 정사와 한국의 사드 배치, 이 둘은 무슨 관계가 있는 것일까?

사드의 한국 배치에 대해 중국 정부가 반대하고 있는데, 2016년 2월 16일에 왕이(王毅) 중국 외교부장(우리의 외무부장관에 해당됨)이 공식 석상에서 '상쫭우젠, 이짜이페이궁'이라고 소리쳤다. 이것은 "항장이 칼춤을 추는데 그 뜻은 패공에게 있다"라는 뜻의 '항장무검(項莊舞劍), 의재패공(意在沛公)'이라는 성어를 인용한 것이다.

"항장이 칼춤을 추는 것은 그 목적이 결국은 패공 유방을 죽이려는데 있다"라고 해석되는 이러한 외교적 공식 논평의 저의를 파악하려면, 중국의 정통 역사서이자 고전 중의 고전으로 손꼽히며 중국을 이해하는데 명실상부하게 첫 번째 필독서로 거론되는 사마천의 『사기』 중 「항우본기(項羽本紀)」의 '홍문연(鴻門宴)' 고사에 나온다는 사실을 알아야 한다.

기원전 208년, 항우(項羽)가 40만 대군을 이끌고 집결한 진나라 도성 함양 동쪽 홍문(鴻門)에서 자신의 부친에 버금갈 만큼 존경하는 아부(亞父) 범증(范增)이 술자리에서 옥결(玉玦)로 신호를 보내면 유방을 죽이기로 계책을 세워둔 상태였다. 패공(沛公) 유방(劉邦)은 10만 대군을 지휘하여 패상(霸上)에 집결해 있었다. 유방의 부하 조무상(曹無傷)이 항우에게 잘 보이려고 항우에게 유방이 관중의 왕이 되고 진왕(秦王) 자영(子嬰)을 재상으로 삼아 궁궐의 진귀한 보물을 모두 차지하려고 한다고 아부하자, 항우가 화를 내며 유방을 치겠다고 말했고, 항우의 책사 범증이 항우에게 유방을 죽이라고 권한 상태였다.

항우의 계부 항백(項伯)이 전에 사람을 죽인 적이 있었을 때 그를 거두어준 장량과 절친한 사이라 항백이 장량을 찾아와 회유해도 장량은 의롭지 못한 행동이라며 거절하였다. 유방이 항우의 군대에 들어갔을 때 항량이 항우와 유방이 의형제를 맺도록 한 적이 있었다. 장량은 유방에게 항백을 만난 사실을 고하고 장량이 유방과 항백이 서로 만나기를 주선하여 둘은 만났고 유방은 항백에게 자신은 항우를 반역하지 않겠다고 하였다.

유방은 마침내 홍문에 가서 항우에게 함양에 항우보다 먼저 도착하여 줄곧 기다렸다고 하면서 조무상의 참언 때문에 오해가 생긴 것이라고 사죄하였다. 항우가 유방과 함께 술을 마셨다.

홍문에 설치된 술자리는 다음과 같다. 동쪽을 바라보는 서쪽 자리가 상석이었다. 그래서 항우가 서쪽 상석에 앉았다. 밖에는 항우의 계부 항백과 유방의 부하 장수 번쾌(樊噲)가 대기하고 있었다. 범증이 항우에게 옥결을 세 번 들어 올려 신호를 보냈으나 항우는 응하지 않았다.

그러자 범증은 밖으로 나와 항장에게 장막 안으로 들어가서 술잔을 들어 축수를 올리고 칼춤을 청한 뒤 유방을 죽이라고 일렀다.

항장은 항우의 사촌 동생으로 항우를 위해 장막에 들어가서 칼춤을 추었다. 그러다 항백이 눈치를 채고 항우의 옆자리에서 벌떡 일어나 항장과 함께 칼춤을 추며 패공 유방을 방어하였다. 이에 위급한 상황을 깨달은 장량과 시장에서 개를 잡던 백정 번쾌가 들어가서 항우를 위협하며 대치하였다. 그 사이에 유방은 측간에 가려고 밖으로 나왔다가 장량의 계책에 따라 도주하여 목숨을 건지고 위기를 벗어나게 된다. 결국은 천하를 얻게 된다.

왕이 외교부장이 이 고사를 인용하면서 사드 배치를 반대한 것은 유방은 중국이고, 항우는 미국인데 칼춤을 추는 자는 한국이라는 논리다. 유방과 항우가 싸우는 것과 중국과 미국의 관계에 비유하여 한국이 미국의 사드 배치를 승인한 것은 중국을 겨냥한 것이라고 해석하였다. 칼춤을 추는 자가 유방을 죽이려고 하듯이 한국이 미국을 도와 중국을 죽이려고 한다는 것이다. 그러나 이 고사의 인용 배후에는 고사의 결과를 봐야 한다.

항우와 유방의 천하 쟁패는 결국에는 어떻게 되었는가? 천하장사 항우는 사면초가(四面楚歌)로 애첩은 자살하고 애마 추(騅)로 적지을 돌파했어도 적에게 쫓겨 결국은 강변에서 자신의 목을 찔러 자결하고 말았다.

천하를 쟁취한 자는 영웅 항우가 아닌 유방이었다는 점이다. 결과는 미국에 해당하는 항우가 중국에 해당하는 유방에게 졌다. 칼춤 추는 한국이 미국(항우)을 도와 사드를 배치하여도 결국에는 중국(유방)이 미국을 이기고 천하를 얻는다는 계산이 깔려있다.

2016년 9월 6일, 중국 항저우(杭州)에서 열린 G20 정상회의에서 별도의 한중정상회담이 열렸는데 여기에서 시진핑 중국국가주석은 첫째는 상대국의 핵심 이익 존중하여야 하며, 둘째는 '구동존이(求同存異)'의 노력을 하고, 셋째는 한반도 평화와 안정을 위한 환경을 조성하며, 넷째는 지역 및 국제무대에서 협력을 강화하기로 하였다. 여기에서 '구동존이(求同存異)'가 핵심이 된다.

'구동존이(求同存異)'는 "공통점을 추구하면서 차이점을 남겨둔다"라는 뜻으로, 중국의 외교전략 중의 하나였다. 1995년에 인도네시아 자바 섬의 반둥에서 개최된 반둥회의(Asian-African Conference/Bandung Conference)에서 저우언라이(周恩來)가 제의한 방침이었다.

2016년, 우리 정부는 한반도에 사드를 배치하기로 정하였는데 이에 대해 중국은 공식적으로 반대하고 나섰다. 시진핑은 사드 배치에 원칙적으로 반대한다면서 김구 선생은 항저우에서 3년 동안 항일운동 활동을 하였고 중국인이 김구를 보호해주었으며, 김구의 아들 김신 장군이 1996년에 저장성(浙江省) 하이옌(海鹽)을 방문했을 때, 「음수사원(飮水思源), 한중우의(韓中友誼)」라는 글귀를 남겼다고 하였다.

'음수사원'이란 성어는 "물을 마실 때 그 근원을 생각하다"라는 뜻으로 오늘날의 한국은 중국이 도와주었기 때문이니 근본을 잊지 말라, 다시 거칠게 말하면, 누구 덕에 지금의 한국이 있는지 생각하라는 경고에 가깝다.

'음수사원'이란 성어는 남북조 시대 문학가이자 시인이었던 유신(庾信, 513~581년)의 「징조곡(徵調曲)」에 "열매가 떨어질 때는 그 나무를 생각하고, 물을 마실 때는 그 근원을 생각한다(落其實者思其樹, 飮其流者懷其源)"에서 유래하였는데, "근본을 잊지 않는다", "매사에 근원을 생각하며 감사하라"라는 뜻이다.

시진핑은 김구 선생이 "고국을 잊지 않는다"라는 뜻으로 이 성어를 자신의 좌우명으로 삼았다고 말하였다. 시진핑은 2014년 7월 한국 방문 때 서울대에서 행한 연설에서 명나라 수군 장수 등자룡(鄧子龍)이 조선의 위기를 구하기 위해 임진왜란 때 노량해전에서 순직하였고, 명나라 총사령관 진린(陳璘)은 1598년 정유재란 때 노량해전을 승리로 이끈 수군 도독이었는데, 4개월 동안 이순신 장군과 함께 생활하였으며 이순신 장군이 전사하자 장군의 시신을 관왕묘(關王廟)에 안장하였다고 하였다. 또 윤봉길(尹奉吉) 의사는 상하이 루쉰(魯迅)공원에 사당을 세워 그를 기리고 있고, 정율성(鄭律成, 1918~1976년)은 중국 인민해방군 군가(팔로군 행진곡)를 작곡하였으며, 당나라 때 최치원(崔致遠)은 신라 출신으로 중국에서 과거에 급제하여 중국에서 벼슬까지 하였으며(현재 양저우(揚州)에 최치원 기념관이 세워져 있음), 김교각(金喬覺) 스님은 신라 왕자 출신으로 안휘성 경내의 구화산(九華山)에서 지장보살(地藏菩薩)의 화신이 되어 중국인의 추앙을 받고 있으며, 공소(孔紹)는 공자의 54세손으로 고려 공민왕과 혼인하였다는 등 일일이 한국은 역사적으로 중국과 밀접하였다는 사실을 재확인하기도 하였다.

이렇듯 중국 외교나 국가행사에 자주 등장하는 중국 고사성어는 단순히 인용하는 글귀가 아니라 국익과 직결되므로 그 진의를 정확히 파악하여야 그에 맞선 대처도 명확하고 정확하게 할 수 있음을 알게 되었다. 성어나 경구는 역대 중국의 국가주석이나 고위층들이 즐겨 인용하였다. 문장뿐만 아니라 시(詩)도 자주 인용되었는데 이는 중국의 전통 관습이 되어버린 문화 현상이다. 『시경』과 같은 경서의 문구는 군주의 경연에서 자주 인용되거나 제후국들의 외교활동에 필수적으로 인용되었다.

전승절(戰勝節)을 맞이하여 중국을 국빈 방문한 박근혜 대통령이 2013년 6월 28일 특별 오찬에서 시진핑 주석으로부터 서예 액자를 선물로 받았다. 이 서예 글은 당나라 시인 왕지환(王之渙)의 유명한 시 「관작루에 올라(登鸛雀樓)」의 두 번째 연이다.

欲窮千里目(욕궁천리목) 천리 밖 멀리 바라보려고
更上一層樓(경상일층루) 누각을 한층 더 올라가네

고향에 대한 그리움을 나타낸 시의 본의에 비유하여 이 시구를 선물한 중국은 한중 관계의 돈독한 우의를 바라니 서로 잘 지내자는 표면적인 뜻에서부터 서로 우의를 다져놨으니 조금이라도 이에 어긋나는 행동을 하면 예측하기 어려운 일도 벌어질 수 있다는 저의를 담고 있다.

서해에서 벌어지는 불법어로 행위문제도 서로 형제지간인데 좀 나눠 가지면 된다는 의식이 어느 정도 깔려있을 수 있다. 고향이 갑자기 형제로 바뀐 것이다. 형제끼리는 인정사정 볼 것 없는 것이 아니라 서로 돕고 사는 것이 체면이고 인정이다. 중국인은 은혜를 입으면 반드시 갚아야 한다고 생각하는 것이다.

『사기』「범저채택열전」에 보면, 위나라 사람 범저(范雎)가 자신이 모시는 중대부(中大夫) 수고(須賈)가 제나라 사신으로 갈 때 따라갔다가 제나라 왕으로부터 황금을 받자 이를 의심한 수고가 귀국한 후에 범저가 국가기밀을 판 것이라고 위나라 재상에게 고발하여 갈비뼈와 이가 부러지고 변소에 버려진 범저를 위나라에 온 진나라 사신 왕계

(王稽)가 거두어 진나라로 데려가 결국 범저가 진나라의 재상이 되니 왕계는 범저의 생명의 은인인데도 은혜를 갚지 않아 왕계는 참다못해 범저에게 세상에는 예측하기 어려운 일 세 가지와 어찌할 수 없는 것 세 가지가 있다고 하면서 자신이 언제 구덩이에 빠져 죽게 될 것인지 예측하기 어렵고, 자신이 구덩이에 빠져 죽는다면 재상인 범저가 자신을 등용하지 않은 것을 후회해도 어찌할 수 없는 일이라고 하자, 범저가 깨달은 바가 있어서 진나라 왕에게 왕계를 추천하여 군수에 임명되었다는 고사가 있다. 바로 은혜를 입으면 갚아야 하는 것이 중국문화이다. 너무 사이가 가깝거나 인정에만 호소하면 아주 작은 일이나 하찮은 일에도 오해를 하거나 서운해 하여 쉽게 사이가 벌어지기 마련인 것이 개인 사이에서나 일어나는 것이 아니다. 국가 간에도 성립될 수 있음을 깨달아야 한다.

중국인의 성격, 대인관계, 사회인식, 역사문화의 특징을 파악하는 방법은 여러 가지일 수 있는데, 그 가운데 정통 역사서 『사기』에 인용되고 지금도 사용하는 성어에 대한 이해도 하나의 방법이 된다. 사드 배치에 반대하는데 『사기』의 성어를 국가 간의 외교에서 인용하는 것에서 볼 수 있듯이 성어에 대한 분석은 단순히 하나의 언어문화의 현상이라기부다는 중국의 역사와 문화 전체의 범위 내에서 중국인의 사유체계를 이해하는데 필수적이라고 할 수 있다. 성어의 역사 문화사적 속성과 특징을 하나의 문화 현상으로 인식하고 진의를 파악하기 위해 성어에 대한 철저한 이해와 공부가 절실하다.

2019년 11월 8일오봉산 아래에서
이해원

목차

1

닳지 않다

불초(不肖)

요임금이 자기 아들에게 권력을 넘겨주지 않으면서 한 말

황제(黃帝)는 이름이 헌원(軒轅)이었다.

황제의 시대는 신농씨(神農氏)의 세력이 쇠퇴해가는 시기였다. 제후들은 서로 침략하고 정벌하였으며 백성들을 폭력으로 학대하여도 신농씨가 이들을 정벌할 수가 없었다. 그래서 헌원이 제후들을 무력으로 정벌하였는데 다만 치우(蚩尤)만은 가장 포악하여 토벌할 수가 없었다.

염제(炎帝)가 제후들을 침략하였으므로 헌원이 판천(阪泉)의 들판에서 염제와 싸웠는데 세 번 싸운 후에야 이겼다.

치우가 다시 난을 일으키며 황제의 명을 듣지 않자, 황제는 제후들의 군대를 징집하여 탁록(涿鹿)에서 싸워 마침내 치우를 사로잡아 죽였다. 그러자 제후들이 모두 헌원을 받들어 천자로 삼고 신농씨를 대신하게 하여 황제가 되었다.

황제는 동쪽으로 바다에 이르러 대종(岱宗), 즉 태산(泰山)에 이르렀다. 탁록산 아래에 도읍을 정하였다.

不 아닐 불　肖 닮을 초

토덕(土德)의 상서로운 징조가 있었으므로 황제라고 칭했다.

황제는 아들이 25명이었는데 성(姓)을 얻은 자가 14명이었다.

황제는 헌원의 언덕에서 살면서 서릉(西陵)의 딸을 얻었는데 그녀가 누조(嫘祖)이다. 누조는 황제의 정실인데 두 명의 아들을 낳았고 그 후손들이 천하에 모두 있었다. 황제가 붕어하자 교산(橋山)에 묻혔고 그의 손자 창의(昌意)의 아들 고양(高陽)이 왕위에 올랐는데 그가 전욱(顓頊)이다.

전욱이 붕어하자 현효(玄囂)의 손자인 고신(高辛)이 제위에 올랐으니 그가 바로 제곡(帝嚳)이다. 제곡은 두 아들 방훈(放勳)과 지(摯)를 얻었는데 제곡이 세상을 떠난 후에 지가 제위를 계승하였으나 잘 다스리지 못했으므로 동생인 방훈이 대신 제위를 계승하였으니 그가 바로 요(堯)이다.

요는 홍수를 다스릴 수 있는 사람으로 사방의 제후들을 나누어 관장하는 우두머리 사악(四嶽)의 말을 따라 곤(鯀)이 추천되었으나 곤은 9년이 지나도록 공을 세우지 못하였다.

사악이 이번에는 우순(虞舜)을 요에게 추천하자, 요가 그가 어떤 사람이냐고 묻자, 사악이 대답하였다.

"장님의 아들입니다. 부친은 고집이 세고 모친은 간사하며 동생은 오만한데, 순은 가족들과 화목하게 지내며 효를 다하고 덕을 베푸는 것이 두터워서 그들이 순에게 간악한 짓을 하지 못하게 되었습니다."

요는 자신이 순을 시험해보겠다고 하였다. 그래서 요임금은 자신의 두 딸 아황(娥皇)과 여영(女英)을 순에게 시집보내어, 딸들에게 대하는 그의 덕행을 관찰하였다.

요는 3년 동안 순의 남편으로서의 행동과 백관의 통치를 관찰한 결과, 그를 성인(聖人)으로 보고 제위를 물려주려고 하였으나, 순은 자기의 덕으로 백성들을 기쁘게 하지 못했다고 여겨 사양하였다.

요는 제위에 오른 지 70년 만에 순을 얻었고 20년이 지나 늙어서 순에게 천자의 정사를 대신 맡도록 하고 하늘에 순을 추천하였다. 요는 제위를 넘겨준 지 28년 만에 붕어하였다. 백성들이 모두 부모를 잃은 듯이 슬퍼하였다. 3년 동안 사방에서 악기를 연주하지 않으면서 요임금을 그리워하였다.

요는 아들 단주(丹朱)가 자신을 닮지 않아서 천하를 넘겨주기에는 부족하다는 것을 알았기 때문에 천하의 권력을 순에게 주기로 하였다. 순에게 군주 자리를 넘겨주면 천하 사람들이 모두 이익을 보고 단주만 뜻을 이루지 못하지만, 단주에게 넘겨주면 천하 사람들이 모두 고통을 받고 단주만이 이익을 얻을 것이라고 여겼다. 따라서 요는 "결코 세상 사람들이 모두 고통을 받고, 한 사람만이 이익을 얻게 할 수는 없다"라고 말하면서 마침내 천하를 순에게 넘겨주었다.

요가 붕어하고 삼년상을 마치자, 순은 단주에게 천하를 양보하고 자신은 남하(南河)의 남쪽으로 피했으나, 제후들 모두가 단주에게 가지 않고 순에게 왔다.

그러자 순이 말하였다.

"하늘의 뜻이다!"

비로소 나라의 도성으로 돌아가서 천자의 자리에 올랐으니, 이 사람이 바로 순임금이다.

순임금은 우(禹)를 공정(工程)을 관장하는 사공(司空)으로 삼아 물과 토지를 잘 다스려 요임금의 업적을 빛내도록 하였고, 기(棄)를 농업을 관장하는 후직(后稷)의 자리를 맡아 온갖 곡식을 심도록 하였으며, 설

(契)에게 백성의 교화를 담당하는 사도(司徒)를 맡아 다섯 가지 윤리 도덕, 즉 군신(君臣), 부자(父子), 부부(夫婦), 형제(兄弟), 붕우(朋友)의 가르침을 전파하고 백성들을 너그럽게 감화시키도록 하였다. 또한 고요(皐陶)는 사(士)를 맡아 다섯 가지 형벌을 공정하게 판결하여 죄수가 마음으로부터 판결에 복종하게 하고, 처벌도 공명정대하게 하여 모두들 믿고 따를 수 있도록 하였다.

순은 스무 살 때 효자로 명성이 자자하였고, 서른 살에 요임금에게 등용되었으며, 쉰 살에 천자의 일을 대행하였다. 그의 나이 58세 때 요임금이 붕어하자, 60세에 요임금을 이어서 제위에 올랐다. 순임금은 제위를 물려받은 지 39년 만에 남쪽을 순수하다가 창오(蒼梧), 지금의 호남(湖南) 남부의 들에서 붕어하였다. 그를 강남의 구의산(九疑山)에 장사 지냈으니, 이곳이 바로 영릉(零陵)이다.

순임금의 아들 상균(商均)은 인재가 되지 못하였으므로 순임금은 미리 하늘에 우를 천거하고 그 후로 17년 만에 세상을 떠났다. 삼년상을 마치자 우 또한 순이 요의 아들에게 양보했던 것처럼 순임금의 아들에게 제위를 양보하였다. 제후들이 모두 우에게 복종한 뒤에야 비로소 천자의 자리에 올랐다.

간체자 不肖 발음 부 샤오 bú xiào 편명 오제본기 五帝本紀

| 해설 |

아버지의 덕망이나 유업을 이을 만한 자질이나 능력이 없다는 뜻으로 재능이 없거나 어리석음을 비유하는 말이다.

『사기』「봉선서(封禪書)」에 전국시대 말기 제나라의 음양가 추연(鄒衍)이 이전의 오행(五行)학설을 계승하여 시종오덕(始終五德)의 운행을 논하고 음양주운론(陰陽主運論)으로 제후들 사이에서 유명했다고 하였다.

오덕시종설은 목(木), 화(火), 토(土), 금(金), 수(水)라는 오행(五行)의 다섯 가지 물질의 덕성에 의해 오덕(五德)이 만들어지고 이 오덕이 역동적인 힘의 작용으로 변해서 우주 만물을 형성하였다는 주장인데, 모든 왕조는 그 왕조에 부여된 오행의 순환 관계에 따라 건국되고 멸망함을 반복한다고 보았다. 음양주운론은 음양교체설과 천인감응설(天人感應說)을 결합하여 왕조의 교체를 비교하여 왕조의 운명이 정해진다는 주장이다. 이 두 학설은 왕조 교체설에 사상적 배경이 되었다.

오행의 작용 가운데 상생(相生)과 상극(相克)이 발생하는데, 상생이란 나무(木)를 태우면 불(火)이 나고, 불(火)이 탄 곳에서 흙(土)이 생기며 흙(土)이 뭉쳐서 돌(金)이 되고 돌과 돌 사이에서 물(水)이 나와 "서로 살린다"라는 의미다. 상극이란 쇠(金)는 나무(木)를 베고, 나무(木)는 흙(土)에 뿌리를 내려 흙(土)을 먹고, 흙(土)은 물(水)이 흐르지 못하도록 가두고, 물(水)은 불(火)을 끄며 불(化)은 쇠(金)를 녹이니 "서로 이긴다"라는 뜻이다.

오행이 색깔에 견주게 되면, 수는 검정, 목은 파랑, 화는 빨강, 토는 노랑, 금은 하얀색에 해당한다. 오행상극설은 진시황은 화덕(火德)의 뒤를 이은 수덕(水德)과 검은색을 숭상했다.

오행상생설은 한나라의 동중서(董仲舒)가 주장한 것으로 수덕(水德)의 진나라를 토극수(土克水)로 이긴 한나라가 토덕을 표방하였다고 주장했다.

오행(五行)이 상생과 상극으로 왕조의 명운(命運)을 결정하는데 수

덕의 진나라를 목(木), 화(火), 토(土), 금(金), 수(水)를 다섯 가지 색에 견주어 황제가 다스릴 때 황룡(黃龍)이 나타나고 황색은 토(土)에 해당하므로 토덕(土德)의 상서로움이라고 황제(黃帝)라고 칭한 것이다.

오행의 상생과 상극

오행의 상생은 목(木)→화(火)→토(土)→금(金)→수(水)로 진행되며, 목(木)은 화(火), 화(火)는 토(土), 토(土)는 금(金), 금(金)은 수(水), 수(水)는 목(木)을 각각 낳는다. 오행의 상극은 금(金)→목(木)→토(土)→수(水)→화(火)로 진행되며, 금(金)은 목(木), 목(木)은 토(土), 토(土)는 수(水), 수(水)는 화(火), 화(火)는 금(金)을 각각 이긴다.

삼황(三皇)에 대해서는 여러 학설이 있는데
첫 번째 학설은 『세본(世本)』에 기록한 복희(伏羲), 신농(神農), 황제(黃帝)이고, 두 번째 학설은 『여씨춘추(呂氏春秋)』의 기록으로 복희, 여와(女媧), 신농이며, 세 번째 학설은 『사기』「진시황본기(秦始皇本紀)」로 천황(天皇), 지황(地皇), 태황(泰皇)이고, 네 번째 학설은 『상서

대전(尚書大傳)』에 수인(燧人), 복희, 신농이며, 다섯 번째 학설은『풍속통의(風俗通義)』에 복희, 여와, 신농이라고 하였다.

대략 종합하면 삼황은 복희, 신농, 황제라고 말할 수 있다.

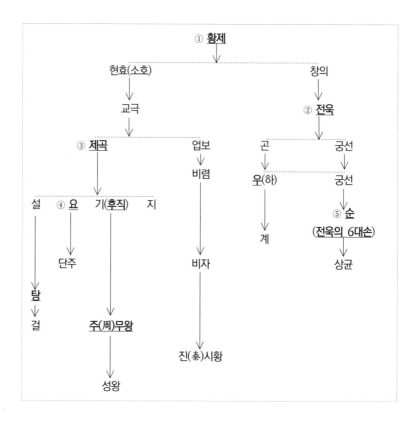

오제는 ① 황제(黃帝), ② 전욱(顓頊), ③ 제곡(帝嚳), ④ 요(堯), ⑤ 순(舜)을 말한다.

다음은 성(姓)과 씨(氏)의 차이에 대해 요(堯), 순(舜)을 통해 고찰해본다.
요는 성(姓)이 희(姬)고 이기씨(伊祁氏)로 이름은 방훈(放勳)이다. 제곡의 아들로 모친은 제곡의 세 번째 부인 경도(慶都)였는데 그녀는 이기후(伊耆侯), 사기에서는 진봉씨(陳鋒氏)의 딸이었다. 요는 처음에 도후(陶侯)에 봉해졌고 지(摯)를 보좌하였으며 15세 때 당후(唐侯)에 봉해져서 도당씨(陶唐氏)로 불렸다. 20세 때 왕에 즉위하여 평양(平陽)에 도읍하였다. 사이(四夷)를 정벌하여 중원을 통일했다. 재위 기간에 곤(鯀)을 파견하여 치수에 힘썼고 순을 얻어 재위 70년 뒤에 제위를 그에게 선양(禪讓)하였다. 그로부터 28년 후에 성양(成陽)에서 붕어하였고 곡림(谷林), 지금의 산동성 견성(甄城)에 묻혔다. 시호가 요이고 역사에서는 당요(唐堯), 제요(帝堯)라고 한다.

순은 전욱의 6대손으로 전욱-궁선(窮蟬)-경강(敬康)-구망(句望)-교우(橋牛)-고수(瞽叟)-중화(重華)로 계승되었다. 5대조 궁선 때부터 이후로 모두 평민이었다. 순은 성(姓)이 요(姚)이고 규씨(妫氏)로 이름이 중화(重華)라고 하였고, 요임금의 선위(禪位)로 유우국(有虞國)을 건립하고 포판(蒲阪), 지금의 산서(山西)성 영제(永濟)에 도읍을 정하였으며, 후에 사공(司空) 대우(大禹)에게 선위하였고 수레를 타고 천하를 순행하다가 창오군(蒼梧郡)에서 죽어 지금의 호남(湖南)성 영릉(零陵) 구의산(九嶷山)에 묻혔다. 순은 시호이고 역사에서는 제순(帝舜), 순제(舜帝) 혹은 국호가 우(虞)였기 때문에 우순(虞舜)이라고 한다.

여기에서 성(姓)은 출생의 혈통을 나타내는 집단의 호칭으로 부계 혈통을 계승한 것이고, 씨(氏)는 동일 혈통의 사람이 각지에 분산된 뒤에 일파를 표시하기 위한 표지 성격으로 땅과 관계가 있다. 김해 김씨, 전주 이씨처럼 우리의 본(本)과 유사하다. 고대 문헌에 순은 요허(姚墟)에서 태어났으므로 성이 요(姚)이고, 규수(妫水) 강가에 살았으므로 씨가 규(妫)이라고 하였다.

2

자기 집 문 앞을 지나도 들어가지 않는다

과문불입(過門不入)

우가 치수에 힘쓰느라 집에도 가지 못했던 일

요임금 때, 홍수가 나자 백성들이 걱정하였다. 요가 물을 다스릴 자를 찾자 모두 곤을 추천하였으나 9년 동안 홍수가 그치지 않아 공을 이루지 못했다. 요임금이 순을 얻어 순을 등용하였다. 순은 곤의 아들 우(禹)를 등용하여 그에게 곤의 일을 잇게 하였다.

요임금이 붕어하자 순임금은 우에게 치수 사업을 명하였다. 우는 설(契), 후직(后稷), 고요(皐陶)에게 양보하였으나 순임금은 우(禹)에게 맡겼다.

우는 익(益), 후직과 함께 순임금의 명을 받들어 제후와 백관들에게 인부들을 동원하여 치수공사를 하였다. 그들은 직접 산으로 올라가서 말뚝을 세워서 표시하고 높은 산과 강을 측정하였다.

우는 부친 곤이 치수 사업의 실패로 처벌받았던 것을 슬퍼하였으므로 노심초사 부지런히 일하느라 밖에서 13년을 지내면서도 자기 집 대문 앞을 지나가며 감히 들어갈 수 없었다. 그는 입고 먹는 것을 절약하

過 지날 과   門 문 문   不 아니 불   入 들 입

여 귀신에게 효를 다하였으며, 누추한 집에 살면서 절약한 비용을 치수 사업에 사용하였다. 왼손에는 수평(水平)을 재는 수준기(水準器)와 먹줄을, 오른손에는 둥근 원(圓)을 그리는 그림쇠와 곱자를 들고, 또한 사계절을 측량하는 도구를 가지고서 구주(九州)를 개척하였다.

순임금은 하늘에 우를 천거하여 계승자로 삼았다. 70년이 지나 순임금이 붕어하였다. 삼년상이 끝나자 우는 제위를 사양하고 순임금의 아들 상균(商均)을 피하여 길을 떠났다. 천하의 제후들은 모두 상균을 떠나서 우를 알현하러 왔다. 우는 비로소 천자에 즉위하였다.

우임금은 즉위하자 고요를 하늘에 천거하여 정권을 그에게 넘겨주려고 하였으나 고요가 죽었다. 10년이 지난 후에 우임금은 동쪽으로 순시하다가 회계(會稽), 지금의 절강성 소흥(紹興)에 이르러서 붕어하였다. 우는 천하를 익(益)에게 넘겨주었다. 삼년상이 끝나자 익은 우임금의 아들 계(啓)에게 제위를 양보하고 자신은 물러났다. 천하의 제후들이 모두 계에게 와서 알현하였다.

여러 임금을 거쳐 공갑(孔甲)에 이르자 그가 귀신을 좋아하고 음란하니 제후들이 배반하기 시작했다.

걸왕(桀王)이 즉위하여 덕행에 힘쓰지 않고 무력으로 백성들을 해쳤으므로, 이때부터 백성들은 더욱 견딜 수 없었다. 걸왕은 은족(殷族)의 수령 탕(湯)을 하대(夏臺)에 가두었다가 얼마 후에 석방하였다. 탕은 덕을 수양하였으므로 제후들이 모두 그에게 귀순하였다. 탕은 마침내 군사를 거느리고 하나라의 걸왕을 공격하였다. 걸왕은 도주하다가 결국은 추방되어 죽었다. 탕은 천자가 되어 하나라의 천하를 차지하였다.

간체자 过门不入 발음 궈 먼 부 루 guò mén bù rù 편명 하본기 夏本紀

| 해설 |

사적인 일을 돌볼 겨를 없이 공적인 업무에 전념함을 비유하는 말이다.

원문에는 "과가문불감입(過家門不堪入)"으로 기록되어 있는데, 원래 『맹자』에서 유래하였다. 「이루장구(離婁章句)」에 "우임금과 후직이 태평성대에도 세 차례나 자기 집 문 앞을 지나면서도 들어가지 못한 것을 공자께서 어질게 여기셨다"라고 하였고, 『열자(列子)』 「양주(楊朱)」에서도 "우임금은 자기 집 문 앞을 지났으면서도 한 번도 들어간 적이 없었다"라고 했다.

수평(水平)을 재는 수준기(水準器)와 먹줄이란 '준승(準繩)', 둥근 원(圓)을 그리는 그림쇠와 곱자란 '규구(規矩)'라고 한다.

구주(九州)란 기주(冀州), 연주(兗州), 청주(靑州), 서주(徐州), 양주(揚州), 형주(荊州), 예주(豫州), 양주(梁州), 옹주(雍州)를 말한다.

우(禹)는 성이 사(姒)이고 이름은 문명(文命)이다. 자는 밀(密) 혹은 고밀(高密)인데 역사에서는 대우(大禹), 제우(帝禹)라고 한다. 하후씨(夏后氏)의 수령으로 하나라의 개국 군왕이다. 우는 황제의 현손으로 전욱의 손자이다.

우가 황하 치수에 공을 세워 순이 그에게 제위를 선양하였고 제후들이 그를 옹립하여 우가 정식으로 즉위하였으며, 양성(陽城) 혹은 안읍(安邑), 진양(晉陽)에 도읍을 정하고 국호를 하(夏)라고 하였다. 우는 자기 아들 단주(丹朱)를 당(唐)에 봉하고 순의 아들 상균(商均)은 우(虞)에 봉하였다. 우는 하나라의 첫 번째 군주이었으므로 후세 사람들은 그를 하우(夏禹)로도 불렀다. 그는 치수를 잘 다스렸고 중국의 판도를 구주(九州)로 나누었으므로 후세 사람들은 그를 대우(大禹)라고 불렀고, 죽은 후에 회계산, 지금의 절강성 소흥에 묻혔는데 소흥에는 우묘(禹廟), 우릉(禹陵), 우사(禹祠)가 남아있어 하나라 계(啓)부터 역대 제왕들이 우릉에 와서 제사를 지냈다.

3

그물의 세 방향을 열어놓는다

망개삼면(網開三面)

상나라 개국 군주 탕왕의 어질고 너그러운 덕행

은나라의 시조인 설(契)의 어머니는 간적(簡狄)으로 제곡(帝嚳)의 둘째 부인이었다. 간적이 목욕하러 갔다가 제비가 알을 떨어뜨리는 것을 보고 이를 삼켜 잉태하여 낳은 아기가 바로 설이다.

설의 14대손 성탕(成湯)은 상(商)나라를 건립한 군주이다. 이윤(伊尹)의 보좌로 정벌사업을 벌여 천하의 강국이 되었고, 하(夏)나라의 걸왕(桀王)을 물리친 후에 박(亳), 지금의 하남(河南)성 상구(商丘)에 도읍을 정하였다.

성탕이 말하였다.

"맑은 물을 바라보면 자신의 모습을 볼 수 있는 것처럼, 백성들을 살펴보면 그 나라가 잘 다스려지는지 아닌지를 알 수 있다."

그러자 이윤(伊尹)이 말하였다.

"군주가 백성을 자식처럼 여긴다면 훌륭한 인물들이 모두 왕궁(王宮)으로 몰려들 것입니다. 더욱 노력하십시오."

網 그물 망   開 열 개   三 석 삼   面 낯 쪽 면

이윤은 이름이 아형(阿衡)이다. 아형이 탕왕을 만나고자 하였으나 방법이 없었다. 그런데 유신씨(有莘氏)의 딸이 탕왕(湯王)의 비가 되어 입궐하게 되자 잉신(媵臣)이 되기를 자청하였다. 솥과 도마를 메고 탕왕에게 갔다. 그는 음식의 맛을 예로 들면서 정치에 대해 말하여 탕왕이 왕도(王道)를 실행하게 하였다.

어떤 사람이 말하였다.

"이윤은 재주와 덕을 지녔어도 벼슬길에 나아가지 않고 은거하였을 때 탕왕이 사람을 시켜 그를 맞아들이려고 하였으나 다섯 번이나 거절한 뒤에야 비로소 탕왕에게 가서 그의 신하가 되어 덕이 높아서 존경을 받는데도 제왕의 자리에 오르지 않은 사람과 아홉 가지 유형의 군주에 대해 말했다."

탕왕은 이윤을 등용하여 그에게 국정을 주관하게 하였다.

탕왕이 외출하여 교외에 갔는데 사방에 그물을 치고 축원하였다.

"천하의 모든 것이 모두 내 그물로 들어오게 해주십시오."

어떤 사람이 말하였다.

"어! 한 번에 다 잡으려고 하다니!"

그러자 탕왕이 <u>그물의 세 방향을 열어놓고</u> 축원하였다.

"왼쪽으로 가고 싶은 것은 왼쪽, 오른쪽으로 가고 싶은 것은 오른쪽으로 가게 해주시오. 내 명령을 따르지 않는 것만 내 그물로 들어오게 해주시오."

제후들이 이 말을 듣고 감탄하였다.

"탕왕의 덕이 지극하도다! 금수에게까지 미치었구나!"

간체자 网开三面 발음 왕 카이 싼 몐 wǎng kāi sān miàn 출처 은본기 殷本紀

| 해설 |

사냥 그물의 한 면만 남겨두고 세 면을 열어놓아 짐승들이 도망갈 수 있게 함의 뜻으로, 어질고 너그러운 덕을 비유하는 말이다.

"천하의 모든 것이 모두 내 그물로 들어오게 해주십시오"라고 하는 말은 '일망타진(一網打盡)'이란 성어다. 아홉 가지 유형의 군주란 뜻의 '구주(九主)'란 법을 엄격하게 집행하는 군주인 법군(法君), 독단적인 군주 전군(專君), 다른 사람에게 전권을 위임하는 군주 수군(授君), 천하를 위해서 노력하는 군주 노군(勞君), 논공행상이 균등한 군주 등군(等君), 백성들은 고생하는데 그 위에 군림하면서 교만하여 패망을 앞둔 군주 기군(寄君), 나라를 망친 군주 파군(破君), 성을 굳건하게 쌓아놓고는 덕을 쌓지 않는 군주 고군(固君), 어린 나이에 제왕이 된 군주 삼세사군(三歲社君)을 말한다.

잉신(媵臣)이란 유신씨(有莘氏)의 딸이 훗날 성탕이 되는 자(子) 땅의 제후 리(履)에게 시집갈 때 따라간 시종(侍從)을 말한다. 신분이 노예로 어린 시절부터 유랑생활을 하였던 이윤은 이렇게 탕을 만나 그를 위해 요리를 만들어 접대하며 친해졌다. 후에 상탕(商湯)을 보좌하여 천하의 제후들이 하나라를 배반하고 상나라에 귀순하게 하여 상나라가 천하의 강국이 되게 하였다.

상나라는 무력으로 공격하여 폭군 걸왕의 하나라를 멸망시켰다. 『주역』 혁괘(革卦)의 단사(彖辭)에 "탕왕과 무왕의 혁명(革命)은 하늘을 따르고 민심에 응한 것이다"라고 하였는데 '혁(革)'이란 본래 피혁(皮

革)이란 뜻으로 짐승의 털을 깎아서 가죽을 만드는 것을 가리켜서 개혁 (改革), 변혁(變革)의 의미를 담아 혁명을 뜻한다. 상나라의 탕왕이 하나라 걸왕이 음란하고 포악무도하여 백성들에게 휘두른 폭정을 무력으로 제거한 것과 주(周)나라 무왕(武王)이 폭군이었던 은나라 마지막 주왕(紂王)을 무력으로 정벌하여 은나라를 멸망시킨 것을 상징한다.

성탕(기원전 1670~1587년)은 성이 자(子)이고 이름이 리(履)이며 탕(湯), 무탕(武湯), 상탕(商湯), 천을(天乙)이라고 하는데 갑골문에는 성(成), 당(唐), 대을(大乙), 서주(西周) 금문(金文)에는 성당(成唐)이라고 하였다. 하남 상구(商丘) 사람으로 설(契)의 14대손으로 상나라 개국 군주이다.

이윤(기원전 1649~1550년)은 성이 사(姒)이고 이씨(伊氏)로 이름이 지(摯)이다. 성탕의 비는 유신씨(有莘氏)의 딸로 이윤이 성탕의 부인의 몸종인 잉신이었다고 하였는데 하나라를 세운 우임금의 모친도 유신씨의 딸로 수기(脩己)였고 그의 부친은 곤(鯀)이다.

4

사악한 것이 덕을 이길 수 없다

요불승덕(妖不勝德)

탕왕을 보좌한 이윤의 아들이
태무제에게 덕행에 힘쓰라며 간한 말

옹기제(雍己帝) 때 은왕조의 도(道)가 쇠해지자 제후들 가운데 어떤
자는 조회에 참석하지 않았다. 옹기제가 붕어하고 동생 태무(太戊)가
즉위하니, 그가 바로 태무제(太戊帝)이다. 태무제는 즉위하여 이윤의
아들 이척(伊陟)을 재상으로 삼았다. 박(亳) 땅에 요사스러운 뽕나무와
닥나무가 함께 조정에 자라나더니 하룻밤 사이에 양손을 맞잡을 만큼
한 아름이나 커졌다. 태무제가 두려워서 이척에게 물어보니 이척이 대
답하였다.

"사악한 것이 덕을 이길 수 없다고 들었습니다. 군주께서 행하신 정
사에 잘못은 없었습니까? 군주는 덕을 쌓는 수양에 힘써야 합니다."

태무제가 이척의 말대로 하자 요사하고 괴이한 뽕나무가 말라 죽었
다. 태무제가 덕을 수양하여 요사한 것이 없어졌기 때문에 이척은 태
무제의 어진 신하 무함(巫咸)에게 태무제를 칭송하였다. 무함은 왕실

妖 요망할 요   不 아니 불   勝 이길 승   德 덕 덕

집안의 사무를 잘 처리하였다. 태무제가 태묘(太廟)에서 이척을 칭송하면서 그를 신하 이상이라고 하자 이척이 사양하였다. 태무제 대에 이르러 은나라가 다시 흥하게 되어 제후들이 은나라에 복종하게 되었으므로 태무제를 중종(中宗)이라고 칭하게 되었다.

간체자 妖不胜德 발음 야오 부 성 더 yāo bù shèng dé 편명 은본기

| 해설 |

"옳지 못한 것은 바른 것을 이길 수 없다"라는 뜻의 '사불침정(邪不侵正)', '사불승정(邪不勝正)', '사불압정(邪不壓正)'과 동의어다. 불의가 정의를 이기지 못한다는 말이다.

옹기(기원전 1649~1638년)는 상나라 8대 왕으로 12년 동안 재위하였는데 정치를 망쳐 상나라가 쇠퇴하기 시작하여 제후들이 내조하지 않았다. 옹기의 동생 태무가 옹기를 계승하였는데 태무는 이척과 무함을 기용하여 국정을 맡겼는데, 『상서』「무일(無逸)」에 주공(周公)이 성왕(成王)에게 아뢰길, "은나라 임금 중종은 엄숙하고 삼가고 공경하고 두려워하며, 하늘의 명을 스스로 헤아렸으며, 백성을 다스리는데 공경하고 두려워하여 감히 편안하게 노는 일에 빠지지 않았습니다. 그래서 중종이 나라를 다스린 기간이 75년이나 되었습니다. 태무를 계승한 무정(武丁)과 조갑(祖甲) 때 나라가 안정되었던 것과 반대로 이후에 왕위에 오른 군주는 편히 놀기만 좋아하여 백성들의 고통을 이해하지 못하고 향락에 빠져 나라를 제대로 다스리지 못하였습니다"라고 하여 상나라가 중흥의 시기를 맞이하였다고 하였다.

성탕이 세운 상나라가 19대 군왕 반경(盤庚) 즉위 초에는 상나라의

도읍이 황하 북쪽의 엄(奄), 지금의 산동 곡부(曲阜)였다. 약 기원전 1300년에 반경이 다시 남하하여 황하를 건너 상탕의 옛 도읍지 박(亳), 지금의 하남성 상구로 천도하였다. 당시 상나라는 이미 5차례나 천도한 바 있어 백성들이 이를 개탄하고 원망하여 더 천도를 원치 않았다. 그런데 이후에 사회가 불안정해지자, 다시 황하 북쪽의 은(殷), 지금의 하남성 안양(安陽)으로 천도하였는데 이후에는 정치가 안정되고 경제가 번영하였으므로 후세 사람들은 이때의 상나라를 특별히 은상(殷商)이라고 불렀다.

5

주지육림

주지육림(酒池肉林)

은나라의 마지막 황제 주왕의 방탕한 생활

을제(乙帝)의 맏아들은 미자(微子) 계(啓)인데 계의 모친이 신분이 미천하였기 때문에 제위를 잇지 못했고, 작은아들 신(辛)은 그의 모친이 정실 황후였기 때문에 신이 후계자가 되었다. 을제가 세상을 떠나자 아들 신이 즉위하였는데 그가 제신(帝辛)이다. 세상 사람들은 그를 주(紂)라고 불렀다.

주왕(紂王)은 분별력이 타고나서 민첩하며 견문이 뛰어났을 뿐만 아니라 힘이 보통 사람보다 장사여서 맨손으로 맹수와 대적할 수 있었다. 또 그는 지혜로워서 신하의 간언이 필요 없었으며, 말재주가 뛰어나 자신의 잘못을 감출 수 있을 정도였다. 그는 자신의 재능을 신하들에게 자랑하였고 천하에 그의 명성을 드높이려고 하였으며 다른 사람들은 모두 자신만 못하다고 여겼다. 술을 좋아하고 음악에 탐닉하였으며, 여자를 좋아하였다. 특히 달기(妲己)를 총애하여 그녀의 말을 무조건 따랐다.

酒 술 주   池 못 지   肉 고기 육   林 수풀 림

주왕은 사연(師涓)에게 음탕한 음악, 북리(北里)의 기녀들이나 추는 저속한 춤과 퇴폐적인 가락을 새로 만들어 연주하도록 하였다. 백성들에게 세금을 무겁게 부과하여 녹대(鹿臺)를 돈으로 채웠으며 거교(鉅橋)라는 창고를 곡식으로 가득 채우게 하였다. 게다가 개와 말, 기이한 애완물을 수집하여 궁궐에 가득 메웠다. 사구(沙丘)의 원대(苑臺)를 크게 확장하여 여러 가지 야수와 새들을 잡아다가 이곳에 풀어놓았고 또 사구에 수많은 악공(樂工)과 광대들을 불러들였으며, 술로 연못을 만들고, 나무에 고기를 매달아 놓고 벌거벗은 남녀들이 그 안에서 서로 쫓아다니게 하면서 밤이 새도록 술을 마시며 놀았다.

간체자 酒池肉林 **발음** 쥬 츠 러우 린 jiǔ chí ròu lín **편명** 은본기

| 해설 |

주색에 빠져 방탕한 생활함을 비유하는 말이다.

후에는 호사스러운 술잔치나 술과 고기가 많음을 형용하는 말로 사용되었다.

주왕(기원전 1105~기원전 1046년)은 상나라의 31대 군주로 상나라 마지막 군주였다. 부친 제을(帝乙)은 비(妃)가 둘이 있었고 아들이 넷이 있었는데 미자계(微子啓), 미중(微仲), 자기(子期)와 신(辛)이다. 맏아들 미자계는 모친이 지위가 낮고 미천하였기 때문에 왕위를 계승하지 못했고 막내아들 신의 모친이 정실부인이어서 그가 적자가 되어 제위를 계승하였다. 제을이 26년 재위하고 기원전 1076년에 죽고 신이 계승하였는데 그가 제신(帝辛)으로 세상 사람은 그를 주(紂)라고 불렀다. 미자계는 주나라 때 제후국 송(宋)나라의 군주로 봉해졌고, 미중

은 송나라의 2대 군주가 되었으며, 자기는 상나라의 제후국 학(郝)나라의 군주로 봉해졌고 학성(郝姓)의 시조가 되었다.

6

불에 태워 죽이는 형벌

포락지형(炮烙之刑)

후에 주문왕이 되는 서백 창이
없애 줄 것을 요청한 주왕의 가혹한 형벌

주왕의 행동 때문에 백성들의 원망이 높아가고 배신하는 제후들도 나타나자, 주왕은 형벌을 강화하여 포락(炮烙)의 법을 만들어냈다. 그는 후에 주문왕(周文王)이 되는 서백(西伯) 창(昌), 구후(九侯)와 악후(鄂侯)를 삼공(三公)으로 삼았다.

구후는 자신의 아름다운 딸을 주왕에게 바쳤다. 그러나 주왕은 구후의 딸이 음탕한 짓을 즐거워하지 않자 노하여 그녀를 죽이고, 구후는 죽여서 소금에 절이자 악후가 완강하게 간언하며 격렬하게 변론을 펼치자 그도 포(脯)를 떠서 죽였다. 서백 창이 이 소식을 듣고 몰래 탄식했는데, 숭후호(崇侯虎)가 이를 주왕에게 고자질하여 주왕이 서백 창을 유리(羑里)에 가두었다.

서백 창의 신하가 미녀와 진기한 보물, 준마를 구하여 주왕에게 바치자 주왕은 서백 창을 사면하였다. 서백 창은 출옥하자 낙수(洛水) 서

炮 통째로 구울 포　烙 지질 락　之 갈, 어조사 지　刑 형벌 형

쪽의 땅을 바치며 기름을 칠한 기둥 아래 불을 피워놓고 죄인에게 기둥 위를 오르게 하여 떨어지면 불에 타 죽게 하는 형벌을 없애주기를 청하니 주왕이 이를 허락하였다.

주왕은 비중(費中)을 등용하여 국정을 담당하게 했는데, 그는 아첨을 잘하고 사리사욕만 채웠기 때문에 은나라 사람들이 그를 멀리하였다. 주왕은 또 오래(惡來)를 등용했는데, 그는 다른 사람을 비방하기 좋아했으므로 제후들은 이 때문에 은나라와 더욱 사이가 멀어지게 되었다.

서백 창이 드러나지 않게 덕을 베풀고 선정을 베푸니 제후들이 주왕을 등지고 서백 창을 추종하게 되었다. 서백 창의 세력이 점점 강해짐에 따라 주왕의 위세는 점차 약해졌다. 이에 왕자 비간(比干)이 간언했지만, 주왕은 듣지 않았다.

서백 창이 세상을 떠나고 주무왕(周武王)이 동쪽 지방을 정벌하자, 은나라를 저버리고 주나라로 모여든 제후가 8백 명이나 되었다. 모든 제후가 주무왕에게 주왕을 정벌할 수 있다고 말했으나 주무왕이 제후들은 천명을 모른다고 하자 제후들이 본국으로 돌아갔다.

주왕은 갈수록 음란해졌다. 미자(微子)가 자주 간언해도 주왕은 들으려고 하지 않자, 그는 은나라를 떠났다. 그러나 비간(比干)은 신하는 죽음을 각오하고 임금께 충간(忠諫)해야 한다고 하면서 계속 주왕에게 간언하였다. 그러나 주왕은 크게 노하여 성인(聖人)의 심장에는 구멍이 일곱 개나 있다고 들었다고 하면서 비간을 해부하여 그의 심장을 꺼내 보았다. 기자(箕子)는 너무나 두려운 나머지 미친 척하여 남의 노비가 되고자 하여도 주왕이 그를 잡아 가두었다.

주무왕이 마침내 제후들을 거느리고 주왕을 정벌하였다. 주왕도 군대를 일으켜 목야(牧野)에서 대항했으나 패했다. 주왕이 도망쳐 들어와 녹대(鹿臺)로 올라가서 보석과 옥으로 장식한 옷을 뒤집어쓰고 불 속으로 뛰어들어 자살하였다.

주무왕은 주왕의 목을 베어 흰 기에 매달았고, 달기도 처형하였다. 그는 기자를 풀어주고, 비간의 묘에 봉분을 해주었다. 그는 또한 주왕 의 아들 무경(武庚)에게 봉토를 나누어주고 은나라의 제사를 계승하도 록 하였다.

주무왕이 천자가 되었다.

주무왕이 붕어하자, 무경이 관숙, 채숙과 함께 반란을 일으켰는데, 성왕(成王)이 주공(周公)을 시켜서 무경을 죽이도록 하였다. 또 성왕이 미자를 송(宋)에 봉하여 은나라의 후대를 잇도록 하였다.

간체자 *炮烙之刑* 발음 파오 라오 즈 싱 páo lào zhī xíng 편명 은본기

| 해설 |

가혹한 형벌을 비유하는 말이다.

청대의 저명한 법학자 심가본(沈家本)은 그의 저서 『역대형법고(曆 代刑法考)』 중에 하나라 때는 오형(五刑), 육형(肉刑), 속형(贖刑)과 노 륙(孥戮)의 네 가지 형벌이 있었고 포락의 형벌은 없었다고 하였지만, 상(商)나라 때는 『사기』 「은본기」의 기록에 근거하여 포락의 형벌이 있었다고 하였다. 진치상(陳穉常)의 『중국상고사연의(中國上古史演義)』 와 같은 현대 역사소설에서는 포락의 형벌이 하나라의 걸왕과는 아무 관계가 없고, 이 잔혹한 포락은 은나라 주왕(紂王)과 그의 애첩 달기 (妲己)가 발명하였다고 하였다.

비간(기원전 1110~기원전 1047년)은 하남성 위휘(衛輝) 사람으로 비(比) 땅에 봉해졌기 때문에 비간이라고 하였다. 상나라 왕 문정(文丁)의 서자이고 제을의 동생이다. 주왕의 숙부이다. 비간은 은상의 중신으로 어려서 총명하고 지혜로웠으며 책 읽기를 좋아하고 학문에 정진했다. 그는 자기의 형인 군주 제을을 보좌하여 탁고(托孤)의 중임을 맡아 주왕을 보좌하였으며 군주에 충성하여 직간을 꺼리지 않았으며 애국자로서 농업과 목축업을 장려하고 제철 주조를 제창하여 부국강병에 심혈을 기울여 '긍고충신(亘古忠臣)'으로 불렸다. '긍(亘)'은 뻗치다, 최고의 경지에 이름의 뜻으로 긍고(亘古)는 만고(萬古)에 통함 또는 고금에 최고의 경지에 달함을 말하여 '긍고충신'이란 만고의 충신 또는 고금에 제일의 충신을 뜻한다. 긍고일인(亘古一人)이란 성어는 옛날부터 오직 한 사람만이 있었다는 뜻이다. 비간은 당태종 때 태사(太師)로 추증되었고 충렬(忠烈)이란 시호를 내렸다.

기자(箕子)도 문정의 아들이자 제을의 동생이다. 주왕의 숙부로 태사(太師)였는데 기(箕) 땅에 봉해져서 기자라고 불렸다. 뜻을 얻지 못해 북동쪽으로 도주하여 조선(朝鮮)을 세웠다고 전한다. 기자는 미자, 비간과 함께 은상 말기에 이름을 날려 '은말삼인(殷末三仁)'으로 칭송받았다. 『논어』 「미자(微子)」에 "미자가 떠나가고, 기자는 종이 되고 비간은 간하다가 죽었다. 그래서 공자가 은나라에 세 분의 어진 사람이 있었다고 말했다"라고 하였다. 미자는 주왕이 무도(無道)하여 그를 떠나 다른 곳으로 가버렸고, 기자가 주왕에게 직간하니 주왕이 그를 가두고 시종으로 삼았다는 뜻이다.

7

늙은이를 부축하고 어린아이 손을 잡다

부로휴약(扶老携弱)

이민족 침입을 피해 빈 땅의 백성들이
고공단보에게 귀순하려고 감행한 엑소더스

주(周)의 시조 후직(后稷)은 이름이 기(棄)이다. 그의 어머니는 강원(姜原)이라고 불렸는데, 제곡(帝嚳)의 정실 비(妃)였다. 강원이 들에 나가서 거인의 발자국을 보았는데 갑자기 마음이 기뻐지면서 그것을 밟고 싶어졌다. 그녀가 거인의 발자국을 밟으니 마치 아이를 가진 듯 배 안이 움직였다.

강원이 아들을 낳았는데 불길하게 생각되어 비좁은 골목에 버렸으나 말이나 소가 지나가면서 모두 피하고 밟지 않았다. 다시 아이를 수풀 속에 옮겨놓으니 마침 산속에 많은 사람이 모여들어 또 장소를 옮겨 도랑의 얼음 위에 버렸으나 날짐승들이 날개로 아이를 덮고 깃을 깔아주었다. 그러자 강원이 신기하게 여겨 아이를 데려다가 키웠다. 처음에 아이를 버리려고 생각하였으므로 기(棄)라고 불렀다.

기는 어린 시절 남보다 뛰어나서 큰 인물처럼 높고 큰 뜻을 품은 듯했

扶 도울, 부축할 부 老 늙을, 늙은이 로 携 가질, 이끌 휴 弱 약할, 어릴 약

다. 그가 놀 때는 삼과 콩 심기를 좋아했는데, 그가 심은 삼과 콩은 모두 잘 자랐다. 성인이 되자 더욱 농사일을 좋아하였는데 땅을 잘 살펴서 곡식이 자라기에 적합한 땅에 파종하고 수확하였더니 백성들이 모두 그를 본받았다.

요임금이 소문을 듣고 기를 농사(農師)로 등용하자, 천하가 이익을 얻어 기는 공을 세웠다. 요임금이 말했다.

"기야, 백성들이 전에는 기아에 허덕였으니 그대 후직은 온갖 곡식을 심어라."

그리고는 기를 태(邰)에 봉하고 후직이라고 칭했으며 별도로 희씨(姬氏) 성을 하사하였다. 후직이 흥성한 시기는 도당(陶唐), 우(虞), 하(夏)의 시대로 모두 훌륭한 덕을 쌓았다.

후직이 죽고 이후에 공류(公劉)가 즉위하여 다시 후직의 사업을 닦아 농경에 힘써 이때부터 주나라는 흥성하기 시작했고 시인들이 노래를 불러 그의 덕을 기렸다. 그가 죽은 다음에 그의 아들 경절(慶節)이 도읍을 빈(豳), 지금의 섬서성 서안(西安) 서북쪽으로 옮겼다.

그 후로 고공단보(古公亶父)에 이르러 후직과 공류의 사업을 다시 익히고 덕을 쌓으며 의(義)를 행하자, 온 나라 사람들이 모두 그를 받들었다. 훈육(薫育)이란 융적(戎狄)이 그를 공격하여 재물을 요구하자 그들에게 주었다. 얼마 후에 또 그들이 공격하고 땅과 백성을 요구하자, 백성들은 모두 분개하여 융적과 싸우고자 하였다.

그러자 고공단보가 말하였다.

"백성이 군주를 세우는 것은 자신들을 이롭게 하기 위한 것이다. 지금 융적이 공격하는 까닭은 우리의 땅과 백성 때문이다. 백성이 나에게 속하나 저들에게 속하든 무슨 차이가 있겠는가? 백성들이 나를 위해서

싸우고자 한다면, 이것은 저들의 아버지나 아들을 죽여가면서 저들의
군주가 되는 것이나 마찬가지이니, 나는 차마 그렇게 하지 못하겠다."

　고공단보는 그에게 소속된 하인들과 함께 빈 땅을 떠나 기산(岐山)
아래에 정착했다. 빈(豳) 땅에 있던 모든 사람이 <u>늙은이를 부축하고 어
린아이 손을 잡고</u> 다시 기산 아래 고공단보에게 모두 귀순했다. 이웃
나라 사람들도 고공단보가 인자하다는 소문을 듣고 많은 사람이 그에
게 귀순하였다.

　　간체자 扶老携弱　발음 푸 라오 셰 뤄 fú lǎo xié ruò　편명 주본기 周本紀

| 해설 |

　『진서(晉書)』「유곤전(劉琨傳)」에서 유래한 말이다.
　서진(西晉) 때 병주(並州)의 자사(刺史) 유곤이 임지로 가는 도중에
도적들이 출몰하여 백성들이 유실되어 사방으로 흩어지고 열 명 중 둘
밖에 남지 않게 되었으며 늙은이를 부축하고 어린아이 손을 잡고 밥을
구걸하는 것을 직접 보고 도적 떼를 공격하여 몰아내어 반년도 되지
않아 되돌아와 안심하고 생업에 종사할 수 있게 되었다고 하였다.
　주(周)라는 명칭은 태왕(太王)이 주원(周原)에 살았기 때문에 붙여진
것이다. 지금의 섬서성 서안(西安) 서쪽에 있다. 주나라의 시조 후직의
이름이 기인데, '기'자는 갑골에 두 손으로 죽은 아이를 삼태기에 담아
버리는 형상이다. 기의 탄생에 대한 기록은 『시경』 대아(大雅) 「생민(生
民)」과 같다.
　고공단보는 이름이 단(亶)이고 고공(古公)과 보(父)자는 존칭으로 주

태왕(周太王) 혹은 주대왕(周大王)이다. 주무왕이 주나라를 건립하고 그를 주태왕으로 추대되었다.

빈(豳)은 지금의 섬서성 서안(西安) 서북쪽의 순읍(旬邑)이고, 기산은 서안과 서안 서쪽의 보계(寶鷄) 사이에 있다.

고공단보는 헌원황제(軒轅黃帝)의 15대손이며 주나라 선조 후직의 12대손이다. 위로는 후직과 공류의 위업을 계승하고 아래로는 주문왕과 주무왕의 전성기를 열어준 인물이었다. 고공단보가 융적의 위협과 핍박으로 빈 땅에서 기산 아래의 주원(周原), 지금의 섬서성 기산으로 천도하였고, 후에 주나라가 점차 강성해졌다. 기산으로 천도한 사실은 『시경』「면(綿)」에 보인다.

> 고공단보께서 일찍이 말을 달리어
> 서쪽 빈 땅의 강가로부터 기산 아래로 오셨으니,
> 이에 태강도 함께 와서 살았다.*

공류에 대해서는 「공류」에서 다음과 같이 노래하였다.

> 공류께서 빈 땅에 머무시어,
> 위수를 가로질러 건너가 돌을 주어다
> 터전을 만들자 많은 사람이 모여들어,
> 황간을 끼고 과간을 향하여 궁궐을 지어,
> 사람들이 모여 물굽이 안팎에서 살게 되었다.**

---

* 古公亶父, 來朝走馬, 率西水滸, 至于岐下, 爰及姜女, 聿來胥宇.
** 篤公劉, 于豳斯館, 涉渭爲亂, 取厲取鍛, 止基迺理, 爰衆爰有, 夾其皇澗, 遡其過澗.

공류가 빈 땅에 옮겨 황무지를 개간하고 집을 짓고 살았던 일을 읊은 것이다.

고공단보의 왕릉은 지금의 섬서성 기산현(岐山縣) 축가진(祝家鎭) 기양촌(岐陽村)에 있다. 묘 앞에는 청대 건륭 48년에 세워진 묘비가 세워져 있고 비에는 섬서순무(陝西巡撫) 필원(畢沅)이 쓴 주태왕릉(周太王陵)이란 글씨가 새겨져 있다.

주조군주(周朝君主)

시호	성명 희(姬)+	소개	재위 기간
선주(先周) 기원전 21세기-기원전 11세기 중기			
후직	기(棄)	주(周)의 시조	순(舜) 하(夏)초기
——	부줄(不窋)	기의 아들	
——	국(鞠)	부줄의 아들	——
——	공류(公劉)	국의 아들	
——	경절(慶節)	공류의 아들	
——	황복(皇僕)	경절의 아들	——
——	차불(差弗)	황복의 아들	
——	훼유(毀隃)	차불의 아들	
——	공비(公非)	훼유의 아들	
빈후(邠侯)	고어(高圉)	공비의 아들	
——	아어(亞圉)	고어의 아들	상(商) 반경(盤庚)시기
——	공숙조류(公叔祖類)	아어의 아들	——
주태왕	단(亶)/고공단보	공숙조류의 아들	상 무을(武乙)시기

止旅迺密，芮鞫之卽．

	계력(季歷)/공계(公季)	단의 아들	
주문왕	창(昌)/서백(西伯)	공계의 아들	

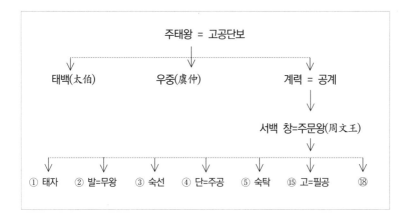

8

흰 물고기가 배로 튀어 오르다

백어입주(白魚入舟)

서백 창 주문왕이 강을 건널 때 일어난 일

고공에게 맏아들은 태백(太伯), 둘째 아들은 우중(虞仲)이라고 하였다. 고공단보의 비(妃) 태강(太康) 소생의 막내아들 계력(季歷)을 낳았고, 계력은 태임(太任)을 부인으로 맞이하여 창(昌)을 낳았는데 성스러운 징조가 있었다.

고공이 말했다.

"나의 세대에 흥할 자가 있다고 했거늘 그가 창이 아닐까?"

맏아들 태백과 우중은 고공이 계력을 세워 창에게 왕위를 전해주려는 것을 알고는 두 사람은 형만(荊蠻)으로 달아나 문신을 하고 머리를 잘라 왕위를 계력에게 양보하였다.

고공단보가 죽자 계력이 자리에 올랐는데 그가 바로 공계(公季)이다. 공계는 고공단보가 유산으로 남긴 법도를 따르고 의를 중시하여 성실하게 행하였으므로 제후들이 그에게 순종하였다.

공계가 죽고 그의 아들 창이 왕위에 올랐는데 그가 바로 서백(西伯)

白 흰 백   魚 물고기 어   入 들어갈 입   舟 배 주

이다. 서백은 후에 문왕(文王)이라고 하였다. 그는 후직과 공유의 사업을 따르고, 고공단보와 공계의 법도를 본받아 후덕하고 인자하여 나이든 사람은 공경하고 어린 사람들에게는 사랑을 베풀었다. 어진 사람에게 예의를 갖추어 자신을 낮추었는데, 한낮에도 식사할 겨를도 없이 선비들을 접대했다. 이에 선비들이 서백에게 몰려들었는데, 백이(伯夷)와 숙제(叔弟)는 고죽국(孤竹國) 사람인데 서백이 노인을 잘 봉양한다는 소문을 듣고 서백에게 귀의했다.

숭후호(崇侯虎)가 몰래 은나라 주(紂)에게 서백을 모함하였다.

"서백이 선을 베풀고 덕을 쌓아 제후들이 그에게 귀의하니 장차 제왕에게는 이롭지 못합니다."

주왕이 마침내 서백을 유리(羑里)에 가두었다. 굉요(閎夭)의 무리가 이것을 걱정하여 유신씨(有莘氏)의 미녀, 여융(驪戎)의 붉은 갈기와 얼룩 줄무늬가 있으며 황금빛 눈을 가진 준마, 유웅씨(有熊氏)의 36필의 말과 진귀한 보물들을 구하여 은나라가 총애하는 비중(費仲)을 통해 주왕에게 바치자 서백이 사면되었다.

후에 서백은 숭후호를 정벌했다. 그리고 풍읍(豐邑)을 세우고 기산 아래에서 풍으로 도읍을 옮겼다. 이듬해에 서백이 죽고 태자 발(發)이 즉위하였는데, 이 사람이 바로 무왕(武王)이다. 서백은 약 50년간 왕위에 있었다. 그가 유리에 갇혀 있을 때 『주역』의 8괘를 64괘로 만들었다. 서백은 고공단보를 태왕(太王)으로 공계를 왕계(王季)로 추존했다.

무왕이 즉위하자 태공망(太公望) 강태공(姜太公)을 군사 참모 사(師)로 삼고, 문왕의 아들 단(旦) 주공(周公)을 천자를 보좌하는 보(輔)에 임명하였으며, 문왕의 공신 소공(召公)과 문왕의 아들 고(高) 필공(畢公) 등은 왕을 보좌하며 문왕의 위업을 배워 본받았다.

무왕이 필(畢)이란 땅에서 제사를 올리고 동쪽으로 가서 군대를 사열하고 맹진(盟津)에 이르렀다. 무왕은 문왕을 받들어 정벌하는 것이라고 말하고는 마음대로 행동하지 않았다.

무왕이 드디어 군사를 일으켰다. 그가 강을 건너는데 강 가운데에 이르자 흰 물고기가 왕의 배로 튀어 올라, 무왕은 몸을 굽혀서 물고기를 집어 들고 제사를 올렸다. 강을 다 건너자 불덩이가 하늘에서 떨어지더니, 왕이 머무는 지붕에 이르렀을 때 까마귀로 변했는데, 색깔은 붉었고 짖어대는 소리는 기백 있게 힘찼다. 이때 제후들이 약속도 하지 않았는데 맹진에 모인 제후가 8백 명이나 되었다.

제후들이 모두 말했다.

"주를 정벌할 수 있습니다."

무왕이 말했다.

"너희들은 아직 천명을 모르니 정벌할 수 없다."

그리고는 병사를 이끌고 되돌아갔다.

간체자 白鱼入舟 발음 바이 위 루 저우 bái yú rù zhōu 편명 주본기

| 해설 |

적이 항복함을 비유하는 말이다.

주나라 무왕이 은나라 주왕을 치려고 강을 건널 때 흰 물고기가 배로 튀어 올라 은나라가 항복한다는 조짐을 보였다는 것에서 유래하였다. 은나라는 흰색을 숭상하였으므로 무왕이 흰 물고기를 잡아서 하늘에 제사 드린다는 것은 바로 은나라를 정벌하는 것을 상징한다.

서백 창에 대해 『제왕세기(帝王世紀)』에 "문왕은 용의 눈을 하고 호랑이의 어깨를 하였으며 신장이 10척으로 가슴에는 젖꼭지가 네 개 있었다"라고 하였다.

소공은 서주(西周) 종실(宗室)로 문왕의 서자였고 공신으로 주무왕, 주공 단과 동년배였으며 무왕과 성왕을 보좌하였는데 후에 연나라 개국 군주가 되었다.

무왕의 18명의 아들 중에서 태자는 일찍 죽었고, 둘째 아들이 무왕이 되었고, 4번째 아들이 주공 단이며, 15번째 아들이 필공이다.

9

암탉이 울면 집안이 망한다

빈계지신(牝鷄之晨)
유가지색(惟家之索)

무왕이 군사들에게 선서하며 옛날 속담을 인용하여 한 말

주무왕과 제후의 군대가 되돌아간 지 2년 후에 주(紂)가 세상을 어지럽히고 포악함이 더욱 심해져서 왕자 비간을 죽이고 기자를 감금했다는 소문이 들렸다. 그러자 태사(太師) 자(疵)와 소사(少師) 강(强)은 은나라의 악기를 품고 주나라로 달아났다.

무왕이 제후들에게 말했다.

"은나라의 죄가 무거우니 이제는 정벌하지 않을 수가 없소."

이에 무왕은 전쟁용 수레 3백 대, 용맹한 군사 3천 명, 갑옷 입은 병사 4만 5천 명을 이끌고 동쪽으로 주를 정벌했다.

문왕 11년 12월, 군사들이 모두 맹진을 넘자 제후들이 일제히 모여들자, 무왕은 「태서(太誓)」를 지어 사람들에게 고하였다.

牝 암컷 빈　鷄 닭 계　之 갈, 어조사 지　晨 새벽 신
惟 오직 유　家 집 가　索 노, 다할 색

"지금 은나라의 왕 주는 자기 부인 달기(妲己)의 말만을 듣고 스스로 천명을 끊었다. 마침내 천지인(天地人)의 바른 도(道)인 삼정(三正)을 망치고 파괴했으며, 왕의 부모 형제들을 멀리하고는 선조의 음악을 끊어버리고 음란한 노래를 만들어 올바른 소리를 어지럽히고 자기 부인만 기쁘게 하고 있소. 이에 이 사람 발이 삼가 천벌을 집행하려 하오."

2월 갑자일 새벽, 무왕은 아침에 상(商)나라 교외 목야(牧野)에 이르러 맹세하였다. 무왕의 왼손에는 황색 도끼를 쥐고 오른손에는 흰색의 물소 꼬리털로 장식한 커다란 기 모(旄)를 들어 지휘하며 말했다.

"멀고 먼 서쪽 땅에서 온 나의 제후들이여! 그대들의 창을 높이 들고 방패를 나란히 맞추고 창을 치켜 드시오!"

이에 왕은 이렇게 선서하였다.

옛날 사람이 말하기를 암탉은 새벽에 울지 않는데, 암탉이 새벽에 울면 집안이 망한다고 하였소. 지금 은나라 왕 주는 오직 부인 달기의 말만 듣고 스스로 선조에 지내는 제사를 제멋대로 지내지 않아 어리석게도 나라를 버렸소. 또 왕의 친족을 등용하지 않으면서 오히려 많은 죄를 지어 도망쳐온 사람들을 중시하고 신임하여 존경을 받아 등용되니, 이들이 백성을 포악하게 대하고 온갖 악행을 저지르게 하여 상나라를 어지럽혔소. 지금 이 사람 발은 오직 하늘의 징벌을 그대들과 함께 행하겠소.

주왕은 무왕이 왔다는 소리를 듣고 70만 명의 군사를 파견하여 무왕에 대항하게 했다. 무왕은 사상보(師尙父)에게 먼저 백 명의 날쌘 용사와 함께 주의 군대에 싸움을 걸게 하고 대부대로 주왕의 군사에게 달려들게 하였다. 주의 군대는 비록 수는 많았지만 모두 싸울 마음이 없었다. 그들은 무왕이 빨리 쳐들어오기를 바랐으므로 주의 군사들은 뒤로 물러나며 싸우면서 무왕에게 길을 열어주었다. 무왕이 돌격하자 주의 병사가 모두 무너지자 그들은 주를 배반했다. 주는 도주하여 성으로 되돌아가 녹대(鹿臺)에 올라 보석이 박힌 옷을 뒤집어쓰고 불 속에 뛰어들어 타죽었다.

무왕이 상(商)나라 도성에 이르자, 상나라의 백성들은 모두 교외에서 기다리고 있었다. 무왕은 상나라 백성들에게 하늘이 기쁨을 내려주셨다고 말하였다. 상나라 백성들이 무왕에게 절을 하며 머리를 땅에 조아리자, 무왕도 답례하였다. 무왕은 드디어 성으로 들어가서 주가 죽은 장소에 이르렀다. 직접 그가 주의 시신을 향해서 화살 세 발을 쏜 후에 마차에서 내려서 칼로 시신을 치고 황색 도끼로 주의 머리를 베어 커다란 흰색 기에 매달았다. 다시 주의 애첩 두 여자를 찾아가니, 두 여자는 모두 이미 목을 매어 자살한 뒤였다. 무왕은 또 화살 세 발을 쏘고 칼로 치고 흑색 도끼로 목을 베어 작은 흰색 기에 매달았다. 그리고는 성을 나와 다시 군대로 돌아갔다.

간체자	牝鷄之晨, 惟家之索
발음	핀 지 즈 천 pìn jī zhī chén 웨이 자 즈 숴 wéi jiā zhī suǒ
편명	주본기

| 해설 |

암탉이 새벽에 울면, 집안의 운수가 다함의 뜻으로, 집안이 망함을 비유하는 말이다. '유가지색'의 '색(索)'은 '진(盡)'과 같은 뜻.『서경』

「목서(牧誓)」에 나오는데 은나라 주왕의 비 달기가 은나라 조정에 간섭함을 비유하는 말로 사용되었다.

10

백성의 입을 막는 것은 물을 막기보다 어렵다

방민지구(防民之口)
심우방수(甚于防水)

소공이 사치하고 포악한 여왕에게 간한 말

무왕은 상나라 주의 아들 녹보(祿父)에게 은나라 유민을 봉해 주었는데, 은나라가 막 평정되어 안정되지 않았으므로 그의 동생 관숙(管叔) 선(鮮)과 채숙(蔡叔) 탁(度)에게 녹보를 도와 은을 다스리게 했다. 얼마 후 소공(召公)에게 명하여 감옥에 있는 기자를 석방하게 했고, 필공에게 명하여 감옥에 있는 백성들을 풀어주게 했다.

주공은 공신과 모사(謀士)를 봉하는데 사상보를 가장 먼저 봉했다. 상보를 영구(營丘)에 봉하여 제(齊)라고 했다. 동생 주공 단을 곡부(曲阜)에 봉하고, 노(魯)라고 했다. 소공 석(奭)을 연(燕)에 봉했다. 동생 숙선(叔鮮)을 관(管)에 봉했고 동생 숙탁(叔度)을 채(蔡)에 봉했다.

무왕이 은나라를 점령한 지 2년 뒤에 기자에게 은나라가 망한 까닭을 물었다. 기자는 은나라의 죄악을 차마 말할 수 없어 국가 존망의

防 막을 방　民 백성 민　之 어조사 지　口 입 구
甚 심할 심　于 어조사, 보다 우　水 물 수

마땅한 도리에 대해 말했고, 무왕 역시 질문이 추하다고 여겼으므로 천도(天道)를 물었다.

무왕이 붕어하고 태자 송(誦)이 이어서 즉위했으니, 그가 바로 성왕(成王)이다. 성왕이 나이가 어린데다가 주나라가 막 천하를 평정하였으므로 주공은 제후들이 주나라를 배반할까 두려워 마침내 섭정하여 국정을 맡았다. 무왕의 두 동생 관숙과 채숙의 무리들이 주공을 의심하여 무경(武庚)과 함께 반란을 일으켜 주나라를 배반했다. 주공은 성왕의 명을 받들어 무경과 관숙을 정벌하여 주살하고 채숙을 추방하였으며 미자개(微子開)에게 은나라의 뒤를 대신하여 송(宋) 땅에 나라를 세우게 했다.

주공이 정무를 집행한 지 7년이 지나 성왕이 성년이 되자, 주공은 정권을 성왕에게 돌려주고 북쪽을 향하여 신하의 자리로 물러났다.

성왕이 임종할 때 태자 교(釗)가 제왕의 임무를 제대로 완수하지 못할까 걱정하여 소공과 필공에게 제후를 거느리고 태자를 보좌하여 왕위에 옹립할 것을 명령했다. 태자 교가 즉위하니, 그가 바로 강왕(康王)이다. 성왕, 강왕의 시대에는 천하가 안정되어 형벌은 40여 년간이나 쓰이지 않았다.

여왕(厲王) 호(胡)가 즉위하였다. 여왕은 39년간 재위하면서 이익을 탐하고 왕실에 재물을 쌓는 일에만 힘쓰는 영이공(榮夷公)을 가까이했다. 그러자 대부 예량부(芮良夫)가 여왕에게 간하였다.

"왕실이 장차 쇠퇴해지기를 바라십니까? 영이공은 이익을 탐하길 좋아하면서도 그것의 큰 재앙은 알지 못합니다. 이익이란 만물에서 생기는 것이며 천지가 소유한 것으로, 그것을 독점하게 되면 폐해가 많아집니다. 천지의 만물은 모든 사람이 같이 써야 하거늘, 어찌 한 사람이 독점할 수 있겠습니까? 이익을 독점하면 백성들의 분노가 심히 커져서 큰 재앙에 대비할 수가 없습니다. 그런데 영이공은 왕을 이렇게 가르치니 왕을 오래도록 지속할 수가 있겠습니까? 왕 노릇을 하는 사람은 이익을 얻게 하고 위아래 모든 사람에게 공평히 분배해야 합니다. 지금 폐하가 이익을 독점하는 것을 배우는 것이 옳은 것입니까? 필부가 이익을 독점해도 도적이라고 하거늘, 왕이면서 이익을 독점하신다면 폐하를 따르는 사람은 드물게 될 것입니다. 영공을 만약 등용하신다면 주나라는 반드시 망할 것입니다."

여왕은 듣지 않고 영이공을 경사(卿士)라는 대신으로 임용하여 국사를 주관하게 했다.

여왕은 포악하고 사치하며 교만하였으므로 백성들이 왕을 비방하였다.

소공이 간하였다.

"백성들은 왕의 포악한 명령을 견디지 못합니다."

그러자 여왕은 노하여 위나라의 무당을 불러서 비방하는 자들을 감시하게 하고, 무당이 보고한 자들을 죽였다. 이에 점차 비방하는 사람이 드물게 되었고, 제후들은 조회하러 오지 않았다. 나중에는 왕이 더욱 엄하게 단속하자 백성들은 감히 말하지 못하고 길에서 서로 만나면 눈짓으로 뜻을 교환했다.

그러자 여왕이 기뻐하며 소공에게 말했다.

"나를 비방하는 자들을 모두 없애버릴 수 있게 되니, 감히 아무도 말하지 않게 되었소."

소공이 대답했다.

"이는 말하지 못하게 억지로 막은 것뿐입니다. 백성의 입을 막는 것은 물을 막기보다 어렵습니다. 물이 막혔다가 둑이 터지면 다치는 사람이 아주 많은 것처럼, 백성들 또한 마찬가지입니다. 그래서 물을 다스리는 자는 강둑을 터서 물이 흐르게 하고, 백성을 다스리는 자는 그들을 말하게 해야 합니다. 모든 관리는 왕에게 간언하게 하고 백성은 그들의 의견을 왕에게 전하게 하며, 왕의 좌우 시종은 신하의 바른 충고를 살피는 책임을 다하게 하고, 왕의 친척은 왕의 과실을 보완하고 살피게 하며, 사관은 역사적 사실을 가르쳐 천자를 바르게 인도하고, 늙은 신하에게는 이 모든 것을 정리하게 하는 것입니다. 그런 다음 왕이 이들을 헤아려보고 취사선택하면 정치는 잘 행해지고 사리에 어긋나지 않을 것입니다. 백성에게 입이 있는 것은 대지에 강과 산이 있어서 재물의 용도가 모두 여기에서 나오는 것과 같고, 또한 대지에 평야, 습지, 평지와 관개 시설이 잘 되어 있는 옥토가 있어서 입을 것과 먹을 것이 여기에서 나오는 것과 같은 것입니다. 백성들이 말하게 하면 정치의 성공과 실패가 다 드러나게 되는 것입니다. 백성들이 속으로 생각하여 입으로 말하는 것은 속으로 많이 생각한 후에 말하는 것입니다. 만약 그들의 입을 막는다면 당신을 지지할 사람이 몇 명이나 있겠습니까?"

그러나 왕은 듣지 않았다. 이리하여 나라에는 감히 말하는 자가 없었고, 3년이 지나자 마침내 백성들은 서로 함께 난을 일으켜서 여왕을 습격하니 여왕이 옛 진(晉)나라 땅으로 하동(河東)에 속한 체(彘)로 달아났다.

간체자	防民之口, 甚于防水
발음	팡 민 즈 커우 fáng mín zhī kǒu
	선 위 팡 수이 shèn yú fáng shuǐ
편명	주본기

| 해설 |

'심우방수' 대신 '심우방천(甚于防川)'이라고도 한다. 국민의 의사와 언론의 자유를 억압하는 정치는 위험한 결과를 초래함을 비유하는 말이다.

무왕의 첫째 아들은 일찍 죽었고 둘째 아들이 성왕이 되었다. 주공을 의심하여 반란을 일으킨 무왕의 두 동생이란 무왕의 셋째 아들 관숙선과 다섯째 아들 채숙탁을 말하는데, 무왕의 셋째 아들 관숙선(管叔鮮) 희선(姬鮮)이 무왕의 다섯째와 여덟째 아들과 함께 주나라 초의 삼감(三監)이었으나 후에 삼감의 난을 일으켜 주공을 성토하였다.

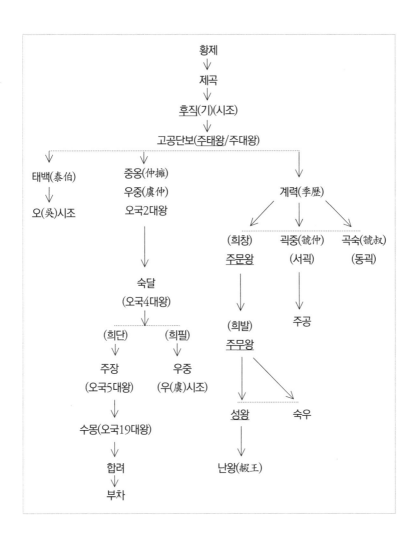

순서	시호	성명	소개	재위 기간 (기원전)
서주(西周) 기원전 11세기~771년				
01	주무왕 (周武王)	희발(姬發)	주문왕의 아들	1046~1043
02	주성왕 (周成王)	희송(姬誦)	주무왕의 아들	1042~1021
03	주강왕 (周康王)	희쇠(姬釗)	주성왕의 아들	1020~996
...				
05	주목왕 (周穆王)	희만(姬滿)	주소왕(周昭王)의 아들	976~922
...				
10	주려왕 (周厲王)	희호(姬胡)	주의왕(周夷王)의 아들	877~841
공화(共和) 기원전 841~828년				
11	주선왕 (周宣王)	희정(姬靜)	주려왕의 아들	827~782
12	주유왕 (周幽王)	희궁열(姬宮涅)	주선왕의 아들	781~771
동주(东周) 기원전 770년~256년				
13	주평왕 (周平王)	희의구(姬宜臼)	주유왕의 아들	770~720
...				
41	주난왕 (周赧王)	희연(姬延)	주신정왕(周慎靚王)의 아들	314~256

백발백중

백발백중(百發百中)

책사 소려가 주나라 군주 난왕에게
한나라를 공격하지 말라고 간한 말

난왕(赧王) 때 주나라는 동서로 나뉘어 다스려졌다. 난왕은 도읍을
서주(西周)로 옮겼다.

진(秦)나라는 동주와 서주 사이의 길을 빌려서 한나라를 공격하려고
하였다. 주나라는 길을 빌려주자니 한나라가 두려웠고, 빌려주지 않자
니 진나라가 두려웠다.

진나라가 서주의 왕을 부르자 서주의 왕은 가고 싶지 않았다.

동주와 서주의 싸움에서 한나라는 서주를 구했다.

주나라의 난왕은 멍청반 왕이었나. 초나라가 한나라의 옹시(雍氏)를
포위하자, 한나라는 동주에서 갑옷과 식량을 징발하였다. 동주의 왕은
두려워서 주나라의 책사 소대(蘇代)를 불러 이 사실을 알렸다. 소대가
한나라의 상국(相國)을 만나 한나라에게 주나라에서 갑옷과 곡식을 징
발하지 못하도록 하였다.

百 일백 백　　發 필, 쏠 발　　中 가운데, 맞을, 적중(適中)할 중

"초나라가 다섯 달이 지나도록 옹지를 함락하지 못하는 것은 초나라가 쇠약해진 탓인데, 한나라가 주나라에서 군대를 징발하면 초나라에게 한나라 군대가 약해졌다는 것을 알려주는 것과 같소."

한나라 상국이 소대의 말이 옳다고 여겼다.

난왕 34년에 주나라의 유명한 책사 소여(蘇厲)가 주나라 군주에게 다음과 같이 아뢰었다.

진나라가 한나라, 위나라를 격파하고 조나라 땅을 빼앗은 것은 모두 백기(白起)가 지휘한 것입니다. 이것은 그가 용병을 잘하고 또 하늘의 도움도 있었기 때문입니다. 그는 또 지금 병사를 출동시켜 이궐(伊闕)을 나와 양(梁)을 공격하려고 하는데, 만약 양 땅이 격파되면 주나라가 위험해집니다. 천자께서는 백기에게 사람을 보내 유세하지 않으십니까? 백기에게 다음과 같이 말씀하십시오. "초나라에 양유기(養由基)란 자가 있는데 활을 잘 쏜다. 버들잎에서 백 걸음이나 떨어져서 화살을 쏘는데 백발을 쏴도 백발을 모두 다 맞추므로 좌우에서 지켜보던 수천 명이 모두 참으로 잘 쏜다고 말하였다. 그때 어떤 사람이 그 옆에 서서 '훌륭하다. 내가 활쏘기를 가르칠 수 있겠구나'라고 하자, 양유기가 노하여 활을 놓고 검을 집어 들고서 '당신이 어떻게 내게 활쏘기를 가르칠 수 있소?'라고 물었다. 그러자 그는 '나는 그대에게 왼손으로 버티고 오른손을 구부리는 활 쏘는 자세를 가르칠 수 있다는 것이 아니오. 버들잎에서 백 걸음 떨어져서 활을 쏘아 백발백중이어도, 가장 잘 쏴맞출 때 멈추지 않는다면, 곧 기력이 쇠해져서 활은 한쪽으로 휘고 화살이 비틀어지게 되오. 한 발이라도 적중하지 않는다면 이전에 맞추었던 백발은 모두 허사가 될 것이오'라고 말했다는 이야기가 있다. 지금 여러 나라를 공격하여 그대의 공이 대단히 커서 충분할 정도다. 그런데 지금 또 병사를 출동시켜서 양 땅을 공격하려고 하는데, 이번에 승리하지 못하면, 앞서 세운 공이 모두 사라질 것이다. 차라리 병을 핑계삼아 출병하지 않는 것이 좋을 듯하다'라고 말입니다.

간체자 百发百中　**발음** 바이 파 바이 중 bǎi fā bǎi zhòng　**편명** 주본기

| 해설 |

활 쏘는 기술이 뛰어나 백 개를 쏘아 한 개의 실수도 없이 모두 과녁을 맞힘의 뜻으로, 예상을 맞추거나 계획의 성공 가능성이 있음을 비유하는 말이다.

12

원한이 뼛속까지 사무친다

원철골수(怨徹骨髓)

진목공(秦穆公)의 딸인 진문공(晉文公)의 부인이
포로가 된 진(秦)나라의 세 장수를 위해서
태자에게 청하여 진왕(晉王)이 풀어주도록 한 말

진(秦)의 선조는 전욱의 후예로 이름은 여수(女修)라고 하였다. 여수가 베를 짜고 있는데 제비가 알을 떨어뜨리자, 여수가 이 알을 먹고 아들 대업(大業)을 낳았다. 대업은 소전(少典)의 딸 여화(女華)를 아내로 맞았다. 여화는 대비(大費)를 낳았고, 대비는 우(禹)와 함께 물과 땅을 다스려 공을 세웠다. 순임금이 검은색 깃발 장식을 하사하며 후손이 번창할 것이라고 하였다. 대비가 순임금을 도와 새와 짐승을 잘 조련하였으므로 순임금이 그에게 영씨(瀛氏)를 하사하였다.

대비는 아들 둘을 낳았는데 대렴(大廉)과 약목(若木)이다.

약목의 자손 비창(費昌)은 하나라 걸왕 때 하나라를 떠나 상(商)에 귀순하여 탕왕(湯王)을 위해 수레를 몰아 걸왕(桀王)을 격파하였다.

대렴의 현손 중의 중연(中衍)은 모습이 새를 닮았으나 사람의 말을

怨 원망할 원 徹 통할, 사무칠 철 骨 뼈 골 髓 골수, 뼛속 수

하였다. 상나라의 7대 군주 태무(太戊)가 소문을 듣고 점을 치고 길하다는 점괘가 나오자 중연에게 수레를 몰게 하였고 아내도 얻어주었다. 이후로 그의 후손들이 대대로 공을 세우고 은나라를 보좌하였으므로, 영씨 자손들은 대부분 지위가 높고 귀한 신분이 되어 마침내 제후가 되었다.

중연의 현손은 중휼(中潏)인데 서융(西戎) 지역에 살면서 서수(西垂), 지금의 감숙성 천수(天水) 일대를 지켰다. 그는 비렴(蜚廉)을 낳았고, 비렴은 오래(惡來)를 낳았다. 오래는 힘이 세었고, 비렴은 달리기를 잘하였다. 부자 두 사람은 자기들이 가진 재주와 힘으로 은나라의 주왕(紂王)을 섬겼다. 주나라 무왕은 주왕을 정벌하면서 오래도 함께 죽였다.

비렴이 죽자 그에게 다른 아들 계승(季勝)이 있었고 계승은 맹증(孟增)을 낳았는데 맹증은 주성왕(周成王)의 총애를 받았고, 맹증은 형보(衡父)를 낳았고, 형보는 조보(造父)를 낳았다. 조보는 말을 잘 다루었으므로 주목왕(周穆王)의 총애를 받았다.

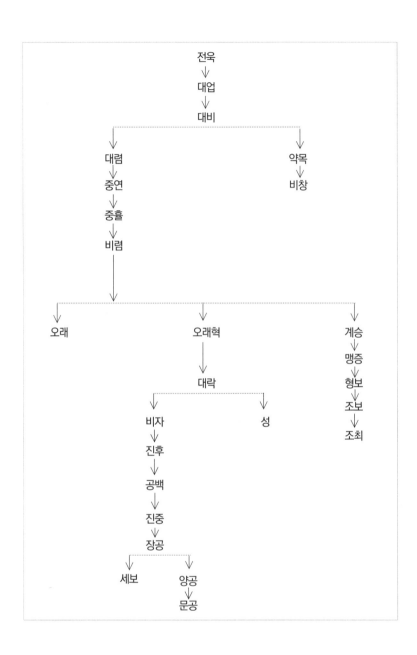

주목왕이 네 필의 준마를 얻어 서쪽으로 순시를 떠나 즐거워서 귀국하는 것을 잊었을 때 서국(徐國)의 왕이 반란을 일으키자 조보는 목왕의 수레를 하루에 천 리 길을 쉬지 않고 몰아서 주나라로 돌아오고 조보는 주나라에 귀순하니 목왕은 조성(趙城)을 조보에게 봉읍(封邑)으로 하사하여 조보의 집안은 조씨(趙氏)가 되었다. 진(晉)나라의 저명한 대부로 조(趙)나라의 기초를 닦은 조최(趙衰)가 그의 후손이다.

오래혁(惡來革)은 또 비렴의 아들인데 요절했고 그에게 아들이 있었고, 계속 후손이 이어지다가 대락(大駱)에 이르러 그의 아들 비자(非子)는 조보가 목왕의 총애를 받은 덕분에 조성에 거주하는 은혜를 입고 조씨 성을 가지게 되었다.

비자는 지금의 섬서성 흥평(興平)에서 살았는데 말과 가축을 사육하고 번식하는데 뛰어난 재주를 가졌다. 주효왕(周孝王)이 그를 불러 말을 사육하도록 하니 말이 대량으로 번식하였다. 말을 번식시킨 공을 세웠기 때문에 주효왕은 비자에게 진(秦)의 땅을 봉읍(封邑)으로 하사하고 그가 영씨의 제사를 잇게 하고는 진영(秦瀛)이라고 하였다.

주선왕(周宣王)이 즉위하자 진영의 후손 진중(秦仲)을 대부(大夫)로 삼아서 서융을 토벌하게 했으나 서융이 진중을 주살하였다. 그의 큰아들이 장공(莊公)인데 주선왕이 그에게 병사를 주고 서융을 치게 하자 그가 서융을 물리쳤다. 이에 다시 진중의 후손에게 상을 내렸는데 그들의 선조 대락(大駱)의 땅 견구(犬丘)가 포함되어 소유하게 되었고 또 장공을 서수의 대부에 임명했다.

장공의 큰아들 세보(世父)는 조부 진중을 죽인 서융에게 원수를 갚기 위해 아우 양공(襄公)에게 양위하니, 양공이 태자가 되었다. 장공이 재위 44년 만에 죽자, 양공이 대신 왕위를 계승했다.

양공 7년에 주유왕(周幽王)이 포사(褒姒)를 등용한 뒤 태자를 폐하고 포사의 아들을 적자로 삼았으며 여러 차례 제후들을 속이자 제후들은 주유왕을 배반하였다. 서융의 견융(犬戎)과 신후(申侯)가 주나라를 공격하여 주유왕을 여산(驪山) 아래에서 죽였다. 진양공이 군대를 이끌고 주나라를 구원하여 있는 힘을 다하여 싸웠기 때문에 공을 세웠다. 주나라 왕실이 견융의 반란을 피해서 동쪽의 낙읍(雒邑)으로 천도하니, 양공은 군대를 보내 주평왕(周平王)을 호송하였다. 주평왕은 양공을 제후로 봉하고 기산(岐山)의 서쪽 땅을 하사하면서 말했다.

"서융은 무도하여 우리의 땅 기산과 풍읍(豐邑) 지역을 침탈하였으니, 진(秦)이 서융을 공격하여 물리친다면 그 땅을 소유하게 하겠다."

주평왕은 양공과 서약하고 봉지와 작위를 하사하였다. 양공은 이때 처음으로 제후국이 되었다.

진국(秦國)의 제왕

代數	시호	성명	재위연수 (在位年數)	재위기간 (기원전)	신분
	진비자 (秦非子)	영비(嬴非) 진영(秦嬴)	31년	888~858년	오래(惡來) 5대손
			...		
1	진양공 (秦襄公) 제후(諸侯)	영태개 (嬴秦開)	12년	777~766년	진장공 (秦莊公) 차남
2	진문공 (秦文公)	미상	50년	765~716년	진양공 (秦襄公) 아들
9	진목공 (秦穆公)	영임호 (嬴任好)	39년	659~621년	진덕공 (秦德公) 아들진성공 (秦成公) 동생

25	진효공 (秦孝公)	진거양 (嬴渠梁)	24년	361~338년	진헌공 (秦獻公) 아들
26	진혜문왕 (秦惠文王)/ 진혜왕	영사(嬴駟)	27년	337~311년 (公元前 324年改元)	진효공 아들
27	진무왕 (秦武王)	영탕(嬴蕩)	4년	310~307년	진혜문왕 아들
28	진소양왕 (秦昭襄王)	영칙(嬴則)/ 영직(嬴稷)	56년	306~251년	진해문왕 아들, 진무왕 동생
29	진효문왕 (秦孝文王)/ 진효왕	영주(嬴柱)/ 진주(秦柱)	3일	250년	진소양왕 아들
30	진장양왕 (秦莊襄王)/ 진장왕	진이인 (秦異人)/ 영초(嬴楚)/ 영자초 (嬴子楚)/ 진초(秦楚)	3년	249~247년	진효문왕 아들
31	진시황 (秦始皇)/ 진시황제 (秦始皇帝)	영정(嬴政)/ 진정(秦政)/ 조정(趙政)	26년	246~221년	진장양왕 아들 (여불위아들)

양공에 이어 문공(文公), 영공(寧公), 무공(武公)을 거쳐 덕공(德公), 선공(宣公)을 거쳐 목공(穆公)이 등극하였다.

진목공은 진(晉)나라의 태자 신생(申生)의 누이를 아내로 맞아들였다.

진헌공(晉獻公 ?~기원전 651년) 때 순식(荀息)이 '가도멸괵(假道滅虢)'의 계책으로 우(虞)나라에게 괵(虢)나라를 멸망시킬 것이니 우나라의 길을 빌려달라고 하여 괵나라를 멸한 다음 귀국하다가 우나라도 멸하였으며, 우왕(虞王)의 대부 백리혜(百里傒) 혹은 백리해(白里奚)를 포로로 잡아 왔다.

진헌공은 백리혜를 진목공의 부인이 시집올 때 시종으로 진(秦)나라에 딸려 보냈다. 백리혜는 진나라에서 도망쳐서 완(宛) 땅으로 달아났는데 초나라 국경 사람에게 붙잡혔다. 백리혜가 어진 사람이라는 소문을 들은 목공은 많은 재물로 그의 몸값을 치르고 데려오려고 했으나, 초나라 사람이 내주지 않을까 걱정하여 초나라에 사람을 보내 전하도록 했다.

"나의 잉신(媵臣)인 백리혜가 귀국에 있는데, 검정 숫양의 가죽 다섯 장으로 그의 몸값을 치르고자 한다."

초나라 사람은 응낙하고 백리혜를 놓아주었다. 이때 백리혜의 나이는 70세였다.

목공은 백리혜를 석방하고 그와 함께 국사를 논의하려는데 백리혜가 사양했다.

백리혜가 진목공에게 물었다.

"신은 망한 나라의 신하인데, 어찌 물어보십니까!"

목공이 대답했다.

"우나라 왕은 그대를 등용하지 않아서 망한 것이니, 그대의 죄가 아니오."

목공은 계속 문의하며 백리혜와 3일 동안 담론하였다. 목공은 크게 기뻐하며 그에게 국정을 맡기고 그를 오고대부(五羖大夫)*라고 불렀다.

백리혜는 사양하며 다음과 같이 말했다.

"신은 제 친구 건숙(蹇叔)만 못합니다. 건숙은 어질어도 세상 사람들이 알아주지 않습니다. 신이 관직을 구하려고 돌아다니다가 제나라

---

* 고(羖)는 검은 양을 뜻한다. 오고대부란 다섯 마리 검은 양가죽으로 주고 데려왔기 때문에 붙여진 명칭이다.

에서 곤경에 빠져 질(銍) 땅 사람에게 걸식할 때 건숙이 거두어 주었습니다. 저는 제나라 무지(無知)를 섬기려고 하였으나 건숙이 만류하였으므로 제나라의 제환공이 귀국하여 등극하게 되는 내란에 연루되지 않고 주나라로 갈 수 있었습니다. 주나라 왕자 퇴(頹)가 소를 좋아한다기에 신이 소를 기르는 재주로 알현을 청했고, 퇴가 저를 임용하려고 하였으나 건숙이 만류하여 주나라를 떠나서 죽지 않았습니다. 또 우나라 왕을 섬기려고 하니 건숙이 신을 만류하였으나 우나라 왕이 신을 쓰지 않을 것을 알면서도 마음속으로 봉록과 관직을 탐내어 잠시 머물렀습니다. 두 번은 그의 말을 들어서 재난에서 벗어날 수 있었고, 한 번은 듣지 않아 우나라 왕의 재난을 당했습니다. 이로써 그가 얼마나 현명한지 알 수 있습니다."

목공은 사람을 보내 후한 예물을 갖추어 건숙을 맞아들이고 그를 상대부(上大夫)에 임명하였다.

목공은 군대를 이끌고 진(晉)나라를 정벌하였다. 진헌공(晉獻公)의 비 여희(驪姬)가 난을 일으켜 태자 신생(申生)이 죽고, 중이(重耳)와 이오(夷吾)는 국외로 도망쳤다.

진국(晉國) 역대 군주

칭호(稱號)	성명(姓名)	재위기간(在位時間)	재위연수(在位年數)
	희(姬)	기원전	
당숙우(唐叔虞)	우(虞)	1033년~?	
...			
진무공(晉武公)	칭(稱)	679~677년	2년
진헌공(晉獻公)	궤제(詭諸)	676~651년	26년
진전폐공(晉前廢公)	해제(奚齊)	651년	1월
진전폐공(晉前廢公)	탁자(卓子)	651년	1월
진혜공(晉惠公)	이오(夷吾)	650~637년	14년
진회공(晉懷公)	어(圉)	637~636년	4월
진문공(晉文公)	중이(重耳)	636~628년	9년
진양공(晉襄公)	환(歡)	627~621년	7년
...			
진전공(晉靜公)	구주(俱酒)	377~349년	29년

여희의 난

① 진헌공(晉獻公)+제강(齊姜)(제환공의 딸) = 목희(穆姬) + 진목공(秦穆公)

신생(申生)

+호희(狐姬)=중이(重耳) = ④ 진문공(晉文公) → ⑤ 진양공→...

+소융자(少戎子)

(호희의 여동생)=이오(夷吾) = ② 진혜공(晉惠公)

태자 어(圉)=③ 진회공(晉懷公)

+회영(懷嬴)

(진문공 딸)

(진문공 부인)

+ 여희(驪姬) = 해제(奚齊)

+ 소희(少姬)(여희의 여동생) = 탁자(卓子)

진헌공이 죽자, 여희의 아들 해제(奚齊)가 옹립되었으나, 진헌공의 신하인 이극(里克)이 해제를 죽였다. 순식(荀息)이 탁자를 세웠으나 이극이 또 탁자와 순식을 죽였다. 이오가 진(秦)나라에 사람을 보내 자신이 진(晉)나라에 입국할 수 있게 도와달라고 요청하면서, 만일 자신이 귀국하여 왕위에 오르면 진(晉)나라 하서(河西)의 8개 성을 진(秦)나라에 주겠다고 약속하였다. 이에 진목공이 승낙하고 백리혜가 군대를 이끌고 가서 이오를 호송하도록 하였다. 이오가 귀국하고 즉위하여 진혜공(晉惠公)이 되었다. 곧 비정(丕鄭)을 진나라에 보내 사례하였으나 약속한 하서의 성은 주지 않았으며 이극을 죽였다.

목공 12년, 진(晉)나라에 가뭄이 들자 진(秦)나라에 식량 원조를 청했다. 주지 말고 기근을 틈타 진나라를 정벌해야 한다느니, 기근과 풍년은 번갈아 발생하는 일이니 줘야 한다는 등 신하들의 의견이 분분할 때 백리혜가 말했다.

"이오가 진목공에게 죄를 얻은 것이지 백성이 무슨 죄가 있겠습니까?"

목공은 식량을 원조해주었다.

목공 14년, 진(秦)나라에 기근이 들자 진(晉)나라에 식량 원조를 요청했으나 기근을 틈타 토벌하면 큰 공을 세울 수 있다는 신하의 말을 듣고 군사를 일으켜 공격했다. 진혜공 이오와 진목공이 한나라 땅에서 싸웠다. 목공은 진왕(晉王)을 사로잡았다.

주나라 천자가 이 소식을 듣고 진왕은 자신과 같은 성씨이니 풀어주기를 요청했다. 또 목공의 부인은 이오의 누이였기에 목공은 진왕과 맹약을 한 뒤 이오를 돌려보냈다. 진왕 이오는 하서 땅을 바치고, 태자 어(圉)를 진나라에 인질로 보냈다. 목공은 태자 어에게 종실의 딸을 시집보냈다. 이때 진나라의 영토는 동쪽으로 황하에까지 이르렀다.

목공 20면, 진나라가 양나라를 멸망시켰다. 진나라 공자 어는 진왕이 병이 났다는 소식을 듣고 생각하였다.

"진나라가 나의 모친의 나라인 양나라를 멸망시켰다. 내 형제는 많고 군주가 100세가 된 후라도 진나라는 분명 날 계속 머물게 할 것이며 진(晉)나라는 나를 중시하지 않을 것이고 또 다른 아들을 세울 것이다."

그리고는 진나라에서 도망쳐서 조국 진나라로 돌아갔다.

목공 23년, 진혜공 이오가 죽자, 태자 어가 왕이 되었다. 진(秦)나라는 어가 도망쳤던 것이 원통하여 초나라에서 진나라의 공자 중이를 맞아들이고 이전에 어의 아내였던 여자를 시집보냈다. 목공은 후한 예우로 중이를 대접하였다.

목공 24년, 진(秦)나라는 중이를 진(晉)나라로 보냈고 중이는 19년 동안 국외 망명 생활을 끝내고 귀국하여 진왕으로 즉위하니 그가 문공(文公)이다. 문공은 어를 죽였다. 어는 회공(懷公)이 되었다.

목공 30년, 진목공이 진문공(晉文公)을 도와 정(鄭)나라를 포위하자, 정나라는 진목공에게 사신을 보냈다.

"정나라가 망하면 진(晉)나라가 강대해지므로 진나라에 득이 되지만 진(秦)나라에는 득이 될 것이 없으니, 진(晉)나라가 강대해지면 진(秦)나라에 후환이 될 것입니다."

목공이 군사를 철수시켜 돌아오자, 진나라도 군대를 철수시켰다.

목공 32년 겨울에 진문공이 죽었다.

정나라 사람이 진(秦)나라에 정나라를 배반하며 말했다.

"나는 정나라의 성문을 주관하는데, 정나라를 습격할 수 있소."

목공이 백리혜와 건숙에게 물으니, 대답했다.

"여러 나라를 거쳐 천 리 길을 지나 다른 나라를 습격하는 것은 이득이 될 것이 드뭅니다. 정나라 사람이 정나라를 배반하여 다른 나라 사람인 우리에게 말한 것이라면, 우리나라 사람도 진나라의 사정을 다른 나라인 정나라에 알리지 않을 것이란 걸 어찌 알겠습니까? 불가합니다."

그러자 목공은 이미 결정했다고 하면서 백리혜의 아들 맹명시(孟明視)와 건숙의 두 아들 서걸술(西乞術)과 백을병(白乙丙) 세 장수에게 군사를 통솔하게 하였다.

군대가 출발하는 날, 백리혜와 건숙은 자식이 떠나게 되어 늙은 자신들은 만일 자식들이 늦게 돌아오게 될 것이라면 다시는 볼 수 없을 것 같아 걱정되어 통곡하였다.

목공 33년, 진나라 군대가 진(晉)나라 변경의 활(滑)에 도착하였다. 활을 멸하였다.

진문공이 죽었으나 아직 장사를 지내지 못하고 있었다.

태자 양공(襄公)이 노하여 말하였다.

"진(秦)나라는 부친을 잃은 고아가 된 나를 업신여기고, 상중(喪中)을 틈타 우리 활 땅을 침공하였다."

그리고는 상복을 검게 물들여 입고 군대를 이끌고 나아가 효(殽)에서 진나라 군대를 가로막고 공격하여 진나라 군대를 크게 무찌르니, 진나라 군사는 한 명도 도망치지 못하였다.

진(晉)나라 군대가 진(秦)나라의 세 장수를 포로로 잡아 돌아왔다.

진문공의 부인은 진(秦)나라 목공의 딸이다. 그녀는 포로가 된 진(秦)나라의 세 장수를 위해서 태자 양공에게 청하였다.

"목공은 이 세 사람에 대한 <u>원망이 골수에 사무쳐 있을</u> 것이니, 이 세 사람을 돌려보내어 진목공이 <u>스스로</u> 통쾌하게 이들을 삶아 죽이도록 해주시오."

진왕이 이를 허락하여 세 장수를 진나라로 돌려보냈다.

세 장수가 돌아오자, 목공은 소복을 입고 교외까지 나와 맞이하고는 세 사람을 향해 울며 말하였다.

"내가 백리혜와 건숙의 말을 듣지 않아 세 아 들을 욕되게 하였으니, 그대들이 무슨 죄가 있겠는가?"

이에 세 사람의 관직과 봉록을 이전대로 회복시키고 더욱 후대하였다.

간체자 怨彻骨髓　**발음** 위안 처 구 쑤이 yuàn chè gǔ suǐ　**편명** 진본기 秦本紀

| 해설 |

자기에게 해를 끼친 상대를 극도로 원망함을 뜻하여, 원한이 잊을 수 없을 정도로 깊음을 비유하는 말이다.

동의어는 보통 우리가 사용하는 말로 '철천지원수(徹天之怨讎)'라고 하는 '철천지한(徹天之恨)'이다. '철천(徹天)'이란 하늘에까지 사무친다는 뜻으로 '원철(怨徹)'과 같은 뜻으로 원철골수의 준말이다. 진(晉)문공의 부인이 진(秦)목공의 딸이어서 자신의 조국인 진(秦)나라의 세 장수의 목숨을 구해주기 위해 꾸민 말이다.

주유왕(周幽王)이 포사(褒姒)를 총애하여 태자를 폐하고 포사의 아들을 태자로 삼았으며 여러 차례 제후들을 기만하였다는 것은 유왕이 잘 웃지 않는 포사를 즐거워하도록 여러 차례 봉화를 올려서 제후들을 도성으로 집결하도록 속인 일을 말한다.

백리혜(기원전 726~621년) 혹은 백리해(百里奚)라고 불리는 사람은 춘추시대 우국(虞國), 지금의 산서성 평육(平陸) 사람으로 대부를 지냈고 후에 진(秦)나라의 대부가 되었다. 어려서 무척 가난해서 제나라에서 공부할 때 걸식을 하였으며 건숙(蹇叔)이 거둬주었으나 제나라에서 등용되지 못하여 우국으로 달아나서 거기에서 대부가 되었다. 655년에 진왕이 그의 말을 듣지 않아 우국은 진(晉)나라에게 멸망 당하고 자신은 포로가 되었다. 정실부인이 없던 진목공이 진나라에 구혼을 청하자 진헌공(晉獻公)이 백리혜를 잉신으로 진(秦)나라에 가게 하였으나 그는 치욕을 느껴 고향 남양(南陽)으로 도망하여 초나라 사람을 위해 소를 기르는 일을 생계로 삼았다가 초왕의 말을 기르는 일을 맡았다. 진목공이 잉신의 명단을 보고 알아본 백리혜가 어질다는 말을 듣고 사자를 초나라에 보냈다. 초나라 사자는 우선 다섯 마리의 검은 양가죽을 사서 초왕을 알현하고 보상으로 양가죽을 바치며 도망간 백리혜를 처벌하기 위해 잡아간다고 하였다. 초왕은 진나라의 환심을 잃을까 두려워 백리혜를 진나라 사자에게 넘기라고 분부하였다. 진목공이 백리혜를 만나보고 천하를 논한 끝에 그를 상경에 임명하고 정사를 맡겼다.

진목공의 포로가 된 후에 진나라의 국정을 맡은 기간에는 "도모하는 일이 합리적이지 않은 적이 없었고, 등용한 사람이 공을 세우지 않은 사람이 없었으며", 진목공을 보필하여 백성들에게 은혜를 베푸는 정책을 실행하는 내정에 힘쓰는 한편 밖으로는 서융을 제압하여 지금의 감숙과 영하 지역을 통일하여 진목공을 춘추5패의 하나가 되게 하여 진나라가 흥성하기 시작했고 후에 진나라의 6국 통일의 기반을 세웠다.

백리혜는 지금도 충군애국(忠君愛國)의 지사로도 알려져 있는데 그는 고상한 인품과 애민사상은 중국 전통 선비의 인격 형성에 지대한 영향을 끼친 인물이다. 당대 시인 이백은「국가행(鞠歌行)」에서 읊기를,

秦穆五羊皮(진목오양피) 진목공이 다섯 마리 양가죽을
買死百里傒(매사백리혜) 사서 백리혜를 살려주었도다.

라고 하여 백리혜가 초나라로 망명했을 때 진목공이 다섯 마리의
검은 양가죽을 사서 보상하고 데려온 후에 그를 진나라의 대부에 임명
한 사실을 노래하였고, 이백은 또 개원(開元) 20년(730년)에 벼슬길을
찾아 장안으로 가는 길에 남양(南陽)에서 「남도행(南都行)」을 읊으며,

陶朱與五羖(도주여오곡) 도주공 범려와 오고대부는
名播天壤間(명파천양간) 그 명성이 천하에 떨쳤도다.

라고 하였다. 하남성 남양시 서쪽 근교에 삼국시대 제갈량을 기리는
와룡강(臥龍岡)이 있는데 이곳 북쪽으로 7리에 기린강(麒麟崗)에는 백
리혜의 묘가 있다. 묘에는 석기린(石麒麟)이 세워져 있는데 송대 황정
견(黃庭堅)은 이 묘를 방문하고 무너진 담과 부서진 비석을 보고는 슬
픔에 젖어 「백리해 대부의 묘를 지나며(過百里奚大夫塚)」란 시를 지
어 읊었다.

斷碑略可讀(단비략가독) 부서진 비석의 비문 대략 읽을 수 있어,
大夫身霸秦(대부신패진) 대부가 되어 진나라의 패업을 이루게 했네.
…
安知五羊皮(안지오양피) 어찌 알았으랴 다섯 양가죽과,
自鬻千金身(자육천금신) 천금 받고 자신의 몸을 판 것을.
…

幸達孟軒賞(행달맹가상) 다행히도 맹자의 극찬을 받아,

不愧微子魂(불괴미자혼) 미자의 혼에게 부끄럽지 않네.

마지막 행의 미자는 주무왕의 형으로 간언(諫言)으로 유명한 인물로 백리해를 미자에 비유하여 충신으로 극찬한 것이다.

여융 수령의 딸 여희(骊姬)는 미인이었는데 기원전 672년에 진헌공이 여융을 정벌하자 여융은 자신의 두 딸 여희와 그녀의 동생 소희(少姬)를 진헌공에게 바쳤다. 여희는 진헌공의 총애를 얻어 부인이 되어 해제를 낳았고, 그녀의 동생 소희도 탁자(卓子)를 낳았다. 여희는 이에 만족하지 못하고 진헌공의 총애를 이용하여 정치에 간섭하여 진헌공과 태자 신생, 중이, 이오 사이를 이간질하였다. 진헌공 21년(기원전 656년)에 여희가 태자 신생에게 진헌공이 간밤의 꿈에 신생의 모친이 보였다며 신생이 곡옥(曲沃)에 가서 제사를 지내라고 보냈다. 신생이 돌아와 제사에 썼던 고기를 가져왔으나 마침 진헌공이 사냥하러 나간 뒤여서 여희가 궁중에 놓아두었다. 이틀 후에 진헌공이 사냥에서 돌아오자 여희가 몰래 고기에 독약을 넣은 다음 진헌공에게 바쳤다. 진헌공이 고기를 먹으려고 하자 옆에 있던 여희가 저지하며 고기가 멀리서 왔으니 시험해봐야 한다고 하면서, 개에게 고기를 던져주자 개가 먹고 죽었다. 여희가 울면서 태자가 어찌 이렇게 잔인할 수 있냐고 하면서 태자가 이런 것은 자신과 해제 때문이라고 하자, 신생은 신성(新城)으로 달아났다가 결국 자살하였다. 여희는 중이와 이오가 태자와 공모하였다고 모함하자, 중이와 이오는 국외로 도망하였고, 여희는 자기 소생의 아들 해제를 태자로 세웠는데 이를 여희의 난이라고 한다. 기원전 651년 진헌공이 병환이 위급해지자 대부 순식(荀息)에게 부탁하여 정치를 맡겼고 해제를 보호하여 그를 도와 등극하게 하였다. 진헌공이 죽은 후에 순식은 해제를 등극시키고 여희를 태후로 삼았으나 이극이 해제를 죽이자 순식이 탁자를 태자로 삼으니 이극이 또 탁자를 죽였다. 이오가 진목공의 도움으로 귀국하여 즉위하였다. 『좌전』 희공(僖公) 4년, 『사기』「진세가(晉世家)」와 『열녀전(列女傳)』 권7에 보인다.

본문 마지막 부분에 "진문공(晉文公)의 부인은 진목공의 딸이다"라고 하였는데, 진목공의 딸은 회영(懷嬴)으로 진문공의 부인이기 전에 진문공 중이의 동생 진혜공 이오의 태자 어의 부인이었다. 회영은 진(秦)나라에 인질로 와있던 진(晉)나라의 태자 어와 결혼했고, 태자 어의 부친 진혜공이 죽자 태자 어만 홀로 본국 진나라로 도망갔다. 그래서 진목공이 태자 어를 미워했다. 후에 중이가 진(秦)나라의 도움으로 진(晉)나라로 귀국해서 진문공이 되었는데, 이에 진목공이 다섯 명의 진나라 여자를 진문공에게 시집을 보냈는데 그 가운데 회영이 포함되었다. 그래서 회영이 다시 진문공에게 시집을 간 것이다.

여희의 난 때 진혜공 이오와 진목공이 한나라 땅에서 싸우는데, 진나라 군대에 포위당한 진목공이 부상까지 입는 위기에 처한 상황에서 기산 아래 목공의 좋은 말을 훔쳐 먹은 3백 명이 진나라 군대에 달려들어 진목공이 탈출하게 되고 결국은 진나라 군주를 사로잡는 성과를 얻었다는 대목에서 전국시대 때 말고기를 식용하였던 공식 기록이라고 할 수 있다. 이뿐만 아니라 진목공은 자신이 듣건대 좋은 말고기를 먹고 술을 마시지 않으면 몸을 상한다고 들었다면서 그들에게 술을 내리고 사면까지 해주었다고 하여 식용 방법까지 제시한 것으로 보아 말고기는 당시에 상당히 귀한 음식이었음을 알 수 있다.

진목공이 상중인 진나라를 공격했을 때 진나라의 태자 양공(襄公)이 화가 나서 상복을 검게 물들여 입고 출전하였다는 기록에서 상복을 '최질(衰経)'이라고 하였는데 '최(衰)'는 '최(縗)'와 통하는 글자로 상복의 가슴 앞에 대는 것을 말하며, '질'은 상복에 사용하는 머리에 쓰는 수질(首経)과 허리에 두르는 요질(腰経)을 말한다. 상중이면서 출전해야 할 때 입는 옷은 검은 상복인데 '최묵(縗墨)'이라고 한다.

13

법령이 잘 지켜지지 않는 것은
귀족과 왕의 친족들이 지키지 않기 때문이다

법지불행(法之不行)
자우귀척(自于貴戚)

상앙이 자신이 만든 변법이
잘 지켜지지 않는 원인에 대해 한 말

진효공(秦孝公 기원전 381~338년)이 즉위하였을 때 동쪽에 강국 여섯이 있었다. 제, 초, 위, 연, 한, 조나라와 함께 어깨를 나란히 하였다.

주 왕실이 쇠약해지자, 제후들은 무력에 힘쓰고 서로 다투어 합병하였다. 진(秦)나라는 편벽한 옹주(雍州)에 위치하여 중원의 제후들과의 동맹 결성에 참여하지 못했는데 제후들은 진나라를 오랑캐 대하듯 하였다.

효공은 전국에 다음과 같은 영을 내렸다.

옛날 목공께서 서융을 제패하고 영토를 천 리나 넓히시어 이에 천자가 작위를 내리시고 제후들이 축하해주어 후세를 위해 위업을 열었

法 법 법   之 어조사 지   不 아니 불   行 갈, 실행할 행
自 스스로, 비롯될 자   于 어조사 우   貴 귀할, 귀족 귀   戚 외척, 친족 척

으니 매우 밝고 훌륭했다. 그러나 지금은 삼진(三晉)이 우리 선조의 땅 하서(河西)를 침공하고 제후들이 우리 진나라를 멸시하니 이보다 더 큰 오명은 없을 것이다. 헌공께서 변방을 안정시키고 동쪽으로 정벌하여 목공 때 옛 땅을 회복하였으며 그의 정치강령을 재정비하였다. 과인이 선왕의 뜻을 생각하면 항상 가슴이 아팠다. 빈객과 여러 신하가 진나라가 강국이 될 수 있는 기이한 계책을 내준다면, 나는 그에게 관직을 높여주고 땅을 나누어 줄 것이다.

위앙(衛鞅), 즉 상앙(商鞅)이 효공이 반포한 영을 듣고 진나라에 와서 효공에게 알현을 청하였다.

효공 3년에 위앙은 효공에게 법령을 바꾸는 변법(變法)을 실행하고 엄한 법률로 형벌을 제정하였으며, 안으로는 농사에 힘쓰고 밖으로는 전사(戰死)한 자의 상벌을 분명히 할 것을 권하자, 효공이 좋다고 생각했다. 마침내 효공이 위앙의 변법을 실행하자 백성들이 고통을 당하였으나, 3년 뒤에는 그의 변법이 편리하다고 여겼다. 이에 효공은 위앙을 20등급 중 제10등급의 좌서장(左庶長)에 임명하였다.

효공 12년에 함양으로 천도하였다.

효공 22년, 위앙이 위나라를 공격하여 위나라 공자 앙(卬)을 포로로 잡았다. 위앙을 열후(列侯)에 봉하고, 상군(商君)이라고 칭하였다.

효공이 죽고, 그의 아들 혜문군(惠文君)이 즉위하였다. 혜문군은 위앙을 죽였다. 위앙이 처음 진나라에서 변법을 시행할 때, 법이 잘 지켜지지 않았는데, 태자가 금지령을 어겼을 때 위앙이 말하였다.

"법령이 잘 지켜지지 않는 것은 귀족과 왕의 친족들이 지키지 않기 때문입니다. 왕께서 법령을 실행하고자 하시려면, 먼저 태자부터 행하게 해야 합니다. 그러나 태자가 얼굴에 먹으로 문신을 그려 형벌을 받는 묵형(墨刑)을 받을 수는 없으니, 그의 스승이 대신 받아야 합니다."

이때부터 법령은 잘 시행되어 진나라가 잘 다스려졌다.

효공이 죽고 태자가 즉위하니, 종실 사람들이 위앙을 미워하였으므로 위앙은 도망쳤다. 자신이 만든 법에 따라 체포되었고 반란죄로 몰려서 결국은 수레에 사지를 묶어서 찢어 죽이는 거열(車裂)의 형벌을 받았다.

혜문군을 혜문왕으로 바꾸고, 무왕(武王)을 거쳐 소양왕(昭襄王)이 즉위하였는데 52년에 주나라 보물인 구정(九鼎)을 진나라로 가져왔다. 주나라는 이때부터 쇠퇴하기 시작했고 천하가 모두 진나라에 귀순하여 복속되었다.

효문왕(孝文王)이 부친의 복상을 마치고 즉위하였으나 3일 만에 죽으니 장양왕(莊襄王)이 즉위하고, 3년에 장양왕이 죽고 그의 아들 정(政)이 즉위하니 그가 진시황제이다.

진왕 정은 재위한 지 26년 만에 처음으로 천하를 36개 군(郡)으로 병합하였으며 시황제라고 불렀다. 시황제가 51세에 죽자 아들 호해(胡亥)가 제위에 오르니 그가 이세황제이다.

이세황제 3년에 조고(趙高)가 이세를 죽이고 자영(子嬰)을 제위에 앉혔다. 자영이 제위에 오른 지 한 달여 만에 제후들이 그를 죽이고 마침내 진나라를 멸망시켰다.

간체자	法之不行, 自于貴戚
발음	파 즈 부 싱 fǎ zhī bù xíng 쯔 위 구이 치 zì yú guì qī
편명	진본기

법 앞에 평등하다는 헌법정신과도 같아서 고위공직자나 부자들이 법을 지키지 않는다면 법의 올바른 실행은 불가능하다는 뜻과 같다. 법의 공정하고 평등한 집행은 윗사람의 솔선수범이 최우선임을 가리키는 말이다.

상앙의 변법에 대해 진왕 효공은 찬성하는 반면, 권력을 쥔 자들은 반대하고 왕실의 대표 격인 태자가 변법을 위반하는 등 상앙의 변법이 효과를 거두지 못하자, 상앙은 태자의 변법 실행이라는 반격의 카드를 들고나와 위기를 넘기고 결국은 변법을 실행에 옮길 수 있었으나 변법의 수호신인 효공이 죽자, 상황이 돌변하여 태자 시절 고초를 겪은 혜문군의 즉위는 상앙을 죽음으로 몰아갔는데 가벼운 묵형이 사지가 찢어지는 거열형으로 되돌아오는 참변을 당하였다.

상앙의 변법은 진나라를 부유하고 강대한 국가로 변모시켰는데 정치적으로는 호적 정비, 전공(戰功)의 작위수여, 토지제도, 행정구역, 조세제도, 도량형과 민속 그리고 엄격한 법률을 제정하였고, 경제적으로는 중농억상(重農抑商) 정책, 농사와 방직을 장려하였다.

진효공 24년(기원전 338년)에 효공이 병사하였는데 『전국책』에는 효공이 왕위를 상앙에게 전하려고 하였는데 상앙이 받지 않았다고 하였다. 효공이 서거한 후에 상앙은 공자 건(虔)에게 모반하였다는 모함을 받아 전사하였다. 『사기』「상군열전(商君列傳)」과 장편 역사소설 『동주열국지』에 상앙은 제87회와 89회에 자세하게 기록되어 있고, 그의 법가사상은 『상군서(商君書)』에 기록되어 있다. 기원전 340년에 지금의 섬서성 서안 동남쪽 상낙(商洛)에 봉해졌다.

분서갱유(焚書坑儒)

옛것을 가지고 지금을 비난하여
땅에 떨어진 황제의 위세를 회복하고
조정의 붕당을 막기 위해 이사가 올린 계책

순서	시호	성명	재위 연수	재위기간 (기원전)	신분
28	진소양왕 (秦昭襄王) /진소왕 (秦王)	영칙(嬴則)/ 영직(嬴稷)	56년	306~251년	진혜문왕 (秦惠文王)아들, 진무왕(秦武王)의 동생
29	진효문왕 (秦孝文王) /진효왕	영주(嬴柱)/ 진주(秦柱)	3일	250년	진소양왕 (秦昭襄王)아들
30	진장양왕 (秦莊襄王) /진장왕 (秦莊王)	진이인(秦異人) /영초(嬴楚)/ 영자초(嬴子楚) /진초(秦楚)	3년	249~247년	진효문왕 (秦孝文王)아들
31	진시황 (秦始皇) /진시황제 (秦始皇帝)	영정(嬴政)/ 진정(秦政), 조정(趙政)	26년	246~221년	진장양왕 (秦莊襄王)아들/ 여불위 아들

焚 불사를 분   書 책 서   坑 구덩이, 묻을 갱   儒 선비 유

진시황제는 진나라 장양왕(莊襄王)의 아들이다. 장양왕이 진나라를 위해 조(趙)나라의 인질로 있을 때 여불위(呂不韋)의 첩 조희(趙姬)를 보고 기뻐하며 아내로 맞이하여 시황(始皇)을 낳았다.

진소황(秦昭王) 48년 정월에 시황이 한단(邯鄲)에서 태어났다. 태어났을 때 이름은 정(政), 성은 조씨(趙氏)였다. 나이가 13세 때 장양왕이 죽자 정이 왕위를 계승하여 진왕(秦王)이 되었다.

여불위가 재상이 되어 10만 호(戶) 봉토를 받았고 문신후(文信侯)라고 했다. 빈객과 유세객을 불러모아 천하를 병합하려고 하였다. 이사(李斯)가 여불위의 식객이 되었고, 진왕이 나이가 어려서 국사를 대신들에게 맡겼다.

장양왕의 태후의 가짜 환관 노애(嫪毐)가 장신후(長信侯)에 봉해졌고, 그에게 산양(山陽) 땅을 주어 거기에서 살게 했다. 궁궐, 거마(車馬), 의복, 동물원, 수렵 등을 마음대로 하게 했다. 크고 작은 일들이 모두 그에게서 결정되었다.

시황 9년에 노애가 반란을 일으키려다가 발각되자, 왕과 태후의 옥새를 위조하여 현의 군대와 호위 군사, 관가의 기병, 융적의 수령, 가신들을 동원하여 기년궁(蘄年宮)에서 반란을 도모하려고 하였다. 시황이 이를 알고 재상 창평군(昌平君), 창문군(昌文君)에게 군사를 일으켜 노애를 공격하라고 명하니 함양에서 싸워 참수한 자가 수백 명은 되었다. 노애가 달아나니 나라 안에 영을 내려 노애를 생포하는 자에게는 백만 전을, 그를 죽이면 50만 전의 상을 내린다고 하였다. 마침내 노애 무리가 모두 붙잡혔다.

시황 10년에 상국 여불위가 노애의 반란에 연루되어 면직되었다. 진시황이 유배시켰던 그의 생모 모태후 조희를 옹(雍) 땅에서 영접하여 함양에 입궁시키고 다시 감천궁(甘泉宮)에서 살게 하였다.

진왕이 진나라에 와있는 유세객을 대대적으로 조사하여 추방하려고 하자, 초나라 출신이었던 이사가 상서하여 진왕의 축객령(逐客令)을 정지시켰다. 이사가 진왕을 유세하는 참에 먼저 한나라를 빼앗아 다른 나라를 겁주도록 청하자 진왕은 이사에게 한나라를 함락시키도록 하였다. 한나라 왕은 두려워서 한비(韓非)와 함께 진나라를 약화시킬 것을 꾀하였다.

시황 20년, 연나라 태자 단(丹)은 진나라 군사가 쳐들어올 것을 두려워하여 형가(荊軻)를 시켜 진왕을 암살하도록 하였다. 그러나 진왕에게 발각되어 형가의 사지를 베어 사람들에게 공개적으로 보이고 장군 왕전(王翦)과 신승(辛勝)을 시켜 연나라를 공격하게 하였다. 연나라와 대(代)나라는 군사를 일으켜 진나라 군대를 공격하였으나 진나라 군대가 연나라 역수(易水) 서쪽을 격파하였다.

시황 21년, 더 많은 군사를 일으켜서 왕전에게 보내주어 마침내 연나라 태자의 군대를 쳐부수고 연나라의 계성(薊城)을 빼앗았다. 태자단의 목을 베었다. 왕전이 병들고 늙었다며 사직하고 낙향했다.

시황 22년, 왕분(王賁)이 위(魏)나라를 공격하였는데 변하(汴河)의 물을 끌어들여 대량(大梁)에 부어 넣어 대량성이 파괴되자 위나라 왕이 항복을 청하였고 위나라 땅을 모두 빼앗았다.

시황 23년, 진왕이 왕전(王翦)을 다시 불러 억지로 기용하고 초나라를 공격하게 하였다. 진(陳)에서부터 남쪽으로 평여(平與)까지 빼앗고 초나라 왕을 포로로 사로잡았다. 진왕이 순행(巡行)하여 영(郢)과 진(陳)에 이르렀다. 초나라 장수이자 항우(項羽)의 조부 항연(項燕)이 회하(淮河) 남쪽에서 진나라에 반기를 들었다.

시황 24년, 왕전과 몽무(蒙武)가 초나라를 공격하여 초나라 군대를 격파하자 창평군이 죽고 항연은 마침내 패하여 자살하였다.

시황 26년, 진나라는 장군 왕분을 연나라 남쪽에서 제나라를 공격하게 하여 제나라 왕 건(建)을 사로잡았다. 이 해가 진나라가 천하를 통일한 때이다.

진왕이 천하를 통일하고, 승상인 상국과 승상 다음가는 감찰과 법을 집행하는 어사대부에게 영을 내리며 말하길, 6국의 왕들이 약속을 어겼기 때문에 이들을 정벌하여 모두 처벌하자 6국의 왕들이 모두 잘못을 인정하여 천하가 크게 안정되었다고 하면서 "이제 나의 호칭을 바꾸지 않는다면 그동안 이룩한 공을 드러낼 수 없고 후세에 전할 수도 없을 것이므로 그대들은 황제의 호칭을 논의하도록 하라"라고 하였다.

승상 왕관(王綰), 어사대부 풍겁(馮劫), 정위(廷尉) 이사 등이 아뢰었다. "고대에는 천황(天皇), 자황(地皇), 태황(泰皇)이 있었는데 그중에서 태황이 가장 존귀했습니다. 왕을 태황이라고 하고, 명을 제(制), 영(令)을 조(詔)라고 하며, 천자는 스스로 칭할 때 짐(朕)이라고 하십시오."

이에 진왕이 말했다.

"태(泰)자를 없애고 황(皇)자를 취하고, 상고시대 때의 제(帝)를 채택히여 황제(皇帝)라고 칭하겠다."

진왕이 죽은 부친 장양왕을 태상황(太上皇)으로 높이고, 또 말했다.

"짐은 최초로 황제가 되었으므로 시황제(始皇帝)라고 칭하고, 후세에는 이세(二世), 삼세(三世)라고 하여 만세(萬歲)에까지 길이 전해지도록 하라."

시황제는 오덕(五德)이 순환 반복하는 순서를 궁구하여, 주나라는 화덕(火德)을 얻었는데 진나라가 주나라의 덕을 대신하였으니 주나라의 화덕이 이기지 못하는 것을 따라야 한다고 생각했다. 그래서 이제부터는 수덕(水德)의 시작으로 해의 시작을 바꾸고 조정의 하례식도 10월 초하루부터였다. 관복, 깃발, 부절의 색은 모두 검은색을 숭상했다. 숫자는 6을 기준으로 하였으니, 부절(符節)과 법관(法冠) 모두 6치[寸]로 규정하고 가마의 너비도 6자[尺]로 정했으며, 6자[尺]를 1보(步)라고 하고 수레 한 대를 6마리의 말이 끌게 하였다. 황하의 이름을 덕수(德水)로 바꾸어 수덕의 시작으로 여겼다. 일체의 사물이 강인하고 엄하며 괴리가 있거나 심각하여도 모든 것은 법에 근거하여 결정되었다. 각박하게 하여 인의, 은덕, 우호 따위가 없어야 오덕의 명수(命數)에 부합된다고 여겼다. 법령이 모질고 가혹하여 범법자는 오랫동안 죄를 용서받지 못했다.

진시황이 이사의 건의에 따라 천하를 36개 군(郡)으로 나누어 군마다 군의 행정 장관 수(守), 군의 군사 장관 위(尉), 군의 감찰 장관 감(監)을 설치하였다. 천하의 병기를 몰수하여 함양으로 모으게 하고 녹여서 악기 종거(鐘鐻)와 12개 청동 인상(人像)을 만들었는데 무게는 각각 천 석(石)이나 나갔고 궁중에 설치했다. 법률과 무게나 길이를 재는 도량형, 수레의 바퀴 사이의 폭과 문자의 서체를 통일하였다.

시황 27년, 진시황이 전국을 순무할 때 다닐 목적으로 치도(馳道)와 치도 양쪽에 담을 쌓아서 천자가 가운데를 지나가도 바깥의 사람이 이를 보지 못하도록 한 용도(甬道)를 건설했다.

시황 28년, 진시황이 동쪽으로 군현을 순무(巡撫)하던 중에 지금의 산동성 추현(鄒縣) 남쪽의 역산(嶧山)에 올라 노(魯) 땅의 여러 유생과 의논하여 비석을 세우고 진나라의 공적을 칭송하는 글을 새겼고, 또 노 땅의 유생들과 봉선(封禪)과 산천에 제사를 지내는 망제(望祭)에 대해 논의하고는 태산(泰山)에 올라 비석을 세우고 하늘에 제사를 지냈다. 산에서 내려오다가 갑자기 바람이 불고 비가 내려 나무 아래서 잠시 쉬었는데, 그 소나무를 9급에 속하는 오대부(五大夫)로 봉했다. 이어서 양보산(梁父山)에서 땅에 제사를 지내고 비석을 세워 글을 새겼다. 그리고 지금의 산동성 연대(煙臺) 북쪽 근교의 지부산(之罘山)에 올라 비석을 세우고 진나라의 공적을 노래하였다. 후에 남쪽으로 가서 지금의 청도(靑島)시 남쪽 교남(膠南) 근교 바닷가의 낭야산(琅琊山)에 올라서 기뻐하며 3개월을 머물렀는데 낭야대를 짓고 비석을 세우고 진나라의 공적을 비문으로 새겼다.

제나라 사람 서불(徐巿)이 상서하여 말했다.

"바다 가운데 세 개의 신산(神山)이 있는데 봉래산(蓬萊山), 방장산(方丈山), 영주산(瀛洲山)이라 하며 거기에는 신선들이 살고 있습니다. 청컨대 어린 남녀 동자(童子)를 데리고 신선을 찾아가게 해주십시오."

시황 29년, 진시황이 동쪽으로 행차했는데 양무(陽武), 지금의 하남성 원양(原陽)의 박랑사(博浪沙)에서 강도의 습격으로 매우 놀랐는데 그 도둑을 찾았으나 붙잡지 못하자 천하에 영을 내려 열흘 동안 대대적으로 수색하였다.

시황 32년, 진시황이 지금의 하북성 갈석산(碣石山)에 가서 연나라 사람 노생(盧生)을 시켜서 선인(仙人)을 찾도록 했다. 갈석산에 군신들이 시황제의 위대한 업적을 기리는 비문을 새겼고 이에 진시황은 한종(韓終), 후공(侯公), 석생(石生)을 시켜 신선의 불사약(不死藥)을 구하도록 하였다.

진시황은 장군 몽염(蒙恬)에게 군사 30만 명을 이끌고 가서 북쪽의 호인(胡人)을 치게 하여 하남(河南)을 공략하고 점령하였다.

시황 34년, 시황제는 부정직한 관리들을 유배시켜서 장성(長城)을 쌓도록 하고 남월(南越)에 보냈다.

시황제가 함양궁에서 주연을 베풀었는데 박사 70명이 앞에 나와서 축수를 올렸다. 복야(僕射) 주청신(周靑臣)의 진시황에게 아부하는 말을 듣고 제나라 사람 박사 순우월(淳于越)이 나아가 말했다.

"주청신이 폐하 앞에서 아부하며 폐하의 과실을 가중하려고 하니 그는 충신이 아닙니다."

시황제가 대신들에게 이 의견을 논의하도록 하였다.

승상 이사가 말하였다.

"오제와 하은주 삼대가 서로 중복되지 않고 답습하지 않으며 각자 다르게 천하를 다스린 것은 서로 반대하여서가 아니라 시대가 변해 달랐기 때문입니다. 폐하가 대업을 창시하여 만세의 공덕을 세웠는데 진실로 어리석은 유생들이 알 수 있는 것이 아닙니다. 순우월은 오로지 하은주 삼대의 일만을 언급하니 본받을 만한 것이 있겠습니까? 모든 유생은 지금의 법령을 배우지 않고 옛사람만을 존숭하며 현재의 제도를 부정하며 백성들을 미혹에 빠지게 하고 있습니다. 전에는 천하가 혼란스러워서 어떤 누구도 천하를 통일하지 못했습니다. 그러므로 제후들이 일제히 군사를 일으켜서 옛것을 말하며 지금을 비난하고, 허망한 말을 꾸며대고 실제를 어지럽혔으며, 사람마다 자기가 개인적으로 배운 것을 찬양하면서 조정에서 제정한 제도를 비난했던 것입니다. 조정에 들어와서는 마음속으로 비난하고 조정을 나와서는 길거리에서 이러쿵저러쿵 떠들어대며 따지고, 자신을 과시하며 군주를 속여서 명예를 얻고 고의로 기발한 주장을 펼치며 자신의 재주가 뛰어남을 표방하고, 백성들을 몰고 다니며 비방하는 말을 퍼뜨릴 뿐입니다. 만약 이것들을 금하지 않으신다면 황제의 위세가 위에서 하락하고 붕당이 아래에서부터 형성될 것이니, 마땅히 즉시 금지하는 것이 좋을 듯합니다. 신이 청하옵건대 사관에게 명하여 진나라의 기록이 아닌 모든 책은 불태워버리고, 박사관(博士官)의 직책이 아닌 자가 감히 수장하고 있는 『시경』, 『서경』과 제자백가의 말을 기록한 저작들을 소장하고 있으면 모두 수(守), 위(尉)와 같은 지방관에게 보내어 태우게 하며, 감히 두 사람이 이러한 책들을 이야기하는 자가 있으면 저잣거리에서 사형시켜 백성들에게 본보기를 보이며, 옛것으로 지금을 비난하는 자는 모두 멸족시키고, 이와 같은 자들을 보고서도 검거하지 않는 관리는 같은 죄로 다스려야 합니다. 명령이 내려진 지 한 달이 되어도 서적을 불태우지 않는 자는 묵형(墨刑)을 내린 후에 낮에는 변경을 지키고 밤에는 장성을 구축하는 노역에 처하십시오. 다만 불에 태워 버리지 않아야 할 서적은 의약, 점복, 나무 재배와 관계된 서적뿐입니다.”

이에 진시황이 영을 내려서 그렇게 하라고 하였다.

시황 35년, 위수 남쪽 상림원(上林苑)에 아방궁(阿房宮)을 지었다. 죄수 70만여 명을 동원하여 아방궁을 짓게 하였다.

노생이 진시황에게 권하였다.

“황제께서 머무르시는 장소를 신하들이 알게 되면, 신선이 나타나는 데 방해가 될 것입니다. 진인(眞人)은 물에 들어가도 젖지 않고, 불에 들어가도 타지 않으며, 운기(雲氣)를 타고 다니고, 천지와 더불어 영원히 존재할 것입니다. 바라옵건대 황제께서는 거처하는 궁궐을 다른 사람들이 알지 못하게 하신다면 불사약을 구하실 수 있습니다.”

진시황이 말하였다.

“짐이 평소 진인을 흠모하였거늘 이제부터 진인이라고 부를 것이며 짐이라고 부르지 않겠다."

이후로 황제가 행차하여 머무를 경우, 그 거처를 말하는 자는 모두 사형에 처하였다.

후생(侯生)은 노생과 함께 모의하여 다음과 같이 말하였다.

"진시황의 사람됨은 천성이 고집이 세고 포악하며 자기만 옳다고 생각한다. 제후에서 시작하여 천하를 통일하였는데 마음먹은 대로 일을 행하고, 자신보다 나은 자가 없다고 여기고 있소. 황제는 형벌과 살육으로 자신의 위엄을 세우길 좋아하니 천하 사람들은 죄를 지을까 두려워하며 자신의 봉록만을 유지하려고 할 뿐 감히 충성을 다하려고 하지 않소. 황제는 자신의 잘못을 듣지 않고 날마다 교만해지고, 아랫사람은 잘못을 인정하길 두려워하여 속이고 기만하며 황제의 비위를 맞추고 있소. 뛰어난 선비들이 두려워하여 꺼리며 피하고 아부나 일삼으면서 감히 황제의 허물을 엄정한 태도로 바르게 직언하지 못하고 있으며, 천하의 크고 작은 것을 막론하고 모두 황제에 의해서 결정됩니다. 권세를 탐하는 것이 이 지경까지 이르렀으니 그를 위해서 신선의 약을 구해주어서는 안 될 것이오."

그리고는 바로 도망쳐버렸다.

진시황은 후생과 노생이 도망쳤다는 소식을 듣고 크게 노하여 다음과 같이 말하였다.

"내가 전에 천하의 쓸모없는 책들을 거두어 모두 불태우게 하고, 문학과 방술(方術)을 하는 선비들을 불러 모은 것은 태평성세를 일으키고 싶었기 때문이다. 방사는 연단으로 선약(仙藥)을 구하게 하려고 했기 때문에 부른 것이다. 지금 들으니 한종이 한 번 가더니 소식이 없다고 하고, 서불 등은 수만 가지 방법을 썼어도 끝내 선약을 구해오지 못하고 도리어 간사하게 이익만 챙긴다는 보고만 날마다 들려온다. 노생 등은 내가 존중하여 많은 것을 하사했으나 이제는 나를 비방하면서 나의 부덕(不德)함을 가중하고 있다. 함양에 있는 유생들은 내가 사람을 시켜서 조사해보니 어떤 자는 요망한 말로 백성들을 혼란스럽게 하고 있었다."

이에 어사를 시켜서 유생을 모두 사안에 따라 심문하자 그들은 서로를 고발하였다. 진시황이 친히 다스려서 법령으로 금지한 것을 범한 자 460명 모두 함양에 생매장하고 천하에 알려서 후세 사람들이 경계하도록 하였다. 더 많은 범법자를 징발하여 변방으로 유배시켰다.

진시황의 장자 부소(扶蘇)가 간언하였다.

"유생들은 모두 유가의 경전을 암송하며 공자를 본받고 있는데, 지금 황제께서 법을 무겁게 하여 그들을 통제하시니, 신은 천하가 불안해질까 두렵습니다. 황제께서는 이를 살피시기 바랍니다."

진시황은 화를 내며 부소를 북쪽 변방 상군(上郡)에 파견하여 장군 몽염(蒙恬)을 감시하게 했다.

시황 37년, 시황제가 행차를 나서니 좌승상 이사가 수행하였다.

어린 아들 호해(胡亥)가 시황의 행차를 부러워하여 함께 따라가길 간청하니 황제가 허락하였다. 운몽(雲夢)에 이르러 구의산(九疑山)을 향해 우순(虞舜)에 제사지낸 후, 장강을 따라 내려갔다.

전당(錢唐), 지금의 항주(杭州)에 이르렀고 절강(浙江), 지금의 전당강(錢塘江)을 바라보았으며, 회계산(會稽山)에 올라 대우(大禹)에게 제사를 지내고 남해(南海)를 바라보고는 비석을 세워 진나라의 덕을 칭송하였다.

평원진(平原津)에 이르러 병이 났다. 시황은 죽음을 말하는 것을 싫

어해서 여러 신하가 감히 시황제의 죽음에 관한 일에 대해 말을 하지 못했다. 황제의 병이 점점 심해지자 옥새를 찍은 조서(詔書)를 써서 공자(公子) 부소에게 보냈다.

"돌아와서 장례에 참여하고 함양에 안장하라."

이미 봉인한 조서는 성지(聖旨)를 집행하는 중거부령(中車府令) 조고(趙高)의 인장과 옥새에 관한 사무를 관장하는 관아에 놓아두었고 편지를 전송하는 사자에게 주지는 않았다.

7월 여름에 진시황은 사구평대(沙丘平臺)에서 서거하였다. 승상 이사는 황제가 외지에서 서거하였기 때문에 이 기회를 틈타 모든 공자와 천하에 변란이 발생할까 두려워서 이를 비밀로 하고 발상(發喪)하지 않았다.

오직 호해와 조고, 그리고 총애를 받던 환관 5, 6명 정도만이 황제의 죽음을 알고 있었다. 호해는 예전에 조고가 자신에게 서예, 옥률(獄律)과 법령을 가르친 적이 있어서 그를 개인적으로 총애했다. 이에 조고는 공자 호해, 승상 이사 등과 은밀히 모의하여 진시황이 공자 부소에게 보내는 편지를 뜯고, 승상 이사가 사구(沙丘)에서 시황의 유서를 받은 것처럼 거짓으로 꾸미고는 호해를 태자로 세웠다. 또 공자 부소와 몽염에게 보내는 편지를 만들어 그들의 죄목을 나열하며 자결할 것을 명하였다.

때마침 여름철이어서 밀폐되어도 통풍이 잘되는 황제의 수레 흔량거(轀涼車) 즉 온량거(轀涼車)에서 시신이 썩는 악취가 나자, 수행관원에게 소금에 절여서 말린 생선 1석(石)을 수레에 싣게 하여 시신의 악취와 어물 냄새를 구분하지 못하게 하였다.

순행하여 직도(直道)를 통해 함양에 도착한 후에 발상하였다. 호해가 제위를 이어받아 이세황제(二世皇帝)가 되었다. 9월에 시황을 여산(驪山)에 안장하였다. 시황이 처음 즉위했을 때 여산을 뚫었고 천하를 통일한 후에는 전국에서 이송되어온 죄인 70만여 명을 시켜서 삼중의 샘물이 보일 정도까지 땅을 깊이 파게 하고 구리 물을 부어 틈새를 메우고 외관(外棺)을 설치했다. 또 궁전을 만들어 백관의 좌석을 배치하였으며, 진기한 기물과 귀중한 보물, 괴석(怪石)들을 운반하여 그 안에 가득 수장하였다. 장인(匠人)에게 명하여 자동으로 화살이 발사되는 기계 활을 만들어놓고 뚫고 들어와 접근하는 도벌꾼이 있으면 그를 쏘게 하였다. 수은으로 하천, 강과 바다를 만들고, 기계로 수은을 주입하여 흘러가도록 하였다. 위에는 천문의 도형을 장식하고 아래에는 지리의 모형을 설치했다. 도롱뇽의 기름으로 양초를 만들어 오랫동안 꺼지지 않도록 하였다.

이세황제가 말하였다.

"선제의 후궁 가운데 자식이 없는 자를 궁궐 밖으로 내쫓는 것은 옳지 않다."

그리고는 명령을 내려서 모두 순장시켜 죽은 자가 매우 많았다.

매장이 끝나자 어떤 사람이 말하기를 장인이 기계를 만들었고, 노복들도 모두 그것을 알고 있는데 노복들의 숫자가 많아서 누설될 것이라고 하였다. 장례가 모두 끝나고 보물들도 이미 다 매장되자 묘도의 가운데 문을 폐쇄하고, 또 묘도의 바깥 문을 내려서 장인과 노복들이 모두 나오지 못하게 폐쇄하니 다시는 빠져나오는 자가 없었다. 묘지 바깥에 풀과 나무를 심어서 묘지가 마치 산과 같았다.

이세황제 원년, 황제의 나이는 21세였다. 조고를 낭중령(郎中令)으로 삼아서 국사를 돌보게 하였다.

이세황제는 은밀히 조고와 상의하였다.

"대신들은 복종하지 않고 관리들은 아직도 세력이 강력하며 게다가 공자들은 나와 권력을 다투려고 하니 어찌해야 좋겠소?"

조고가 대답한다.

"저는 본래 보잘것없고 미천한데도 다행히 폐하께서 천거해주시어 높은 자리에 있으면서 궁중의 큰일을 관장하게 되었습니다. 대신들은 이를 불평하며 특히 겉으로는 신을 따르는 척해도 마음속으로는 복종하지 않고 있습니다. 폐하께서는 왜 순행(巡行)의 기회를 이용하여 군현의 수위(守尉) 가운데 죄 있는 자들을 색출하여 처형하지 않으십니까? 이렇게 하시면 위로는 천하에 위엄을 떨치게 되고 아래로는 황제께서 평소에 싫어하던 사람들을 제거할 수 있습니다. 지금은 때가 문(文)을 모범으로 본받을 때가 아니라 무력을 사용하여 판결하여야 합니다. 청컨대 폐하께서는 시세에 따르시되 주저하지 마시고 즉시 신하들이 모의하지 못하도록 하십시오."

이세황제가 좋다고 대답하고, 대신과 공자들을 주살하기로 정했다. 죄과(罪過)에 연루시키니 중랑(中郎), 외랑(外郎), 산랑(散郎)의 삼랑(三郎)과 같은 말단 관리에까지 미치어 벗어날 수 있는 자가 없었다. 두현(杜縣)에서 6명의 공자는 살육 당했고, 공자 장려(將閭)의 형제 세 사람은 내궁(內宮)에 감금당하였다. 장려는 죄를 논하느라 판결이 가장 늦었다.

이세황제가 장려는 신하의 도리를 다하지 않았다며 형리에게 형 집행을 맡겼더니, 장려는 자신의 죄가 무엇인지 듣고 죽겠다고 하였으나, 형리는 자신은 명에 따라 집행할 뿐이라고 하였다.

장려는 자신은 죄가 없다고 하늘에 맹세하였고, 그의 형제 세 사람은 모두 눈물을 흘리며 칼을 꺼내어 자결하였다. 종실 사람들이 모두 두려움에 떨었다. 대신들의 간언은 비방이라고 여겨졌으며, 고관들은 관직을 지키기 위해 굴욕적으로 비위를 맞추며 영합하였으며, 백성들은 공포에 떨었다.

4월에 이세황제는 아방궁을 다시 축조하였다.

7월에 수(戌)자리 병사 진승(陳勝)이 옛날 초나라 땅 형(荆)에서 반란을 일으키고 장초(張楚)라고 하였고 스스로 초왕(楚王)이라 하였다.

산동(山東) 군현(郡縣)의 젊은이들이 진나라의 관리들에게 고초를 겪자 모두 수(守), 위(尉), 영(令), 승(丞)과 같은 그 지방의 관리들을 죽이고 반란을 일으켜 진승에게 동조하였다. 그들은 진나라를 토벌한다는 명분을 내세웠는데 그 수가 헤아릴 수가 없을 정도로 많았다.

유방은 패현(沛縣)에서 군사를 일으켰고, 항연의 아들이자 항우의 숙부인 항량(項梁)은 회계군에서 군사를 일으켰다.

이세황제는 늘 황제 외에는 출입을 금하는 깊숙한 궁궐에 거처하면서 조고와 함께 모든 국사를 결정하였다. 그 후로 공경들이 천자를 알현할 기회가 아주 드물었다. 도적 떼들이 갈수록 많아지자, 관중의 병졸들을 징발하여 동쪽으로 도적을 토벌하는 일이 끊이지 않았다.

우승상 풍거질(馮去疾), 좌승상 이사와 장군 풍겁(馮劫)이 간언하였다.

"관중 동쪽의 도적 떼들이 일어나자 진나라가 군사를 일으켜 그들을 주살하였는데 죽은 자가 많았어도 전멸시키지 못해 여전히 도적 떼의 창궐은 멈추지 않고 있습니다. 도적이 이처럼 많은 것은 모두 병역과 곡물 운송의 조운(漕運)과 같은 부역 일이 고달프고 세금이 과중하기 때문입니다. 청컨대 아방궁 축조를 일시 중단하시고 부역자를 줄이는 동시에 변방 수비를 맡은 병사들은 고향으로 돌려보내시기 바랍니다."

이세가 이렇게 말하였다.

"짐이 즉위한 후 2년 동안 도적 떼가 여기저기서 일어나는데도 그대들은 막지 못하고, 또 선제의 업적마저 버리려고 하니, 이는 위로는 선제(先帝)에게 보답하지 못하고 다음으로는 짐에게 충성을 다하지 않는 것이니, 이러고도 어찌 관직에 앉아 있소?"

이에 풍거질, 이사, 풍겁을 옥졸에게 넘겨 그들의 죄를 심문하게 하였다. 풍거질과 풍겁은 장상(將相)은 모욕당하지 않는다고 하며 자살하였고, 이사는 결국 옥에 갇혀서 오형(五刑)을 받았다.

간체자	焚书坑儒
발음	펀 수 컹 루 fén shū kēng rú
편명	진시황본기 秦始皇本紀

| 해설 |

진시황제가 자신에 대한 비난을 막기 위해 저지른 일로 학문과 사상에 대한 탄압을 말한다.

시황 23년 진왕이 이미 은퇴한 왕전을 재기용하여 초나라를 공격하게 했다는 기록에서 진나라 장양왕의 이름이 자초(子楚)였으므로 휘(諱)하여 초(楚)를 형(荊)이라고 불렀다.

시황 29년, 진시황이 동쪽으로 행차했는데 양무(陽武)의 박랑사(博浪沙)에서 강도의 습격을 받은 것은 실은 장량(張良)이 파견한 역사(力士)가 몽둥이로 진시황이 탄 수레를 내리쳤으나 다른 사람의 수레를 치고 달아난 사건을 말한다.

이사가 진시황에게 건의한 분서갱유의 기록 가운데 '성단(城旦)'은 한나라의 형벌로 5년 형인데 진나라 때는 4년 형이었으며 밤에는 장성을 구축하고 낮에는 적을 감시하며 수비 업무를 맡았다.

진시황제의 장자 부소(扶蘇)는 그 이름을 『시경』에서 취하였는데 나무의 가지와 잎이 무성하게 자란 모습을 형용하는 말로 향기로운 풀이나 좋은 나무를 뜻한다. 진시황은 이 이름이 뜻하는 상징적 의미에서 보듯이 장자에 대한 무한한 기대를 엿볼 수 있다. 기록에 근거하여 진시황이 장자 부소를 자신의 후계자로 여긴 확실한 증거는 두 가지로 볼 수 있다.

진시황의 장자 부소(扶蘇)가 진시황에게 간하길, 세상 사람들이 공자를 숭상하고 있는데 유가의 책을 불태운다면 천하가 불안해질 것이라고 말하자 진시황은 자신의 장남을 변방으로 보내버렸다. 진시황이 순행 중에 병이 들어 임종할 때 부소에게 편지를 써서 자신의 장례를 지내도록 한 것은 황제의 자리를 그에게 이양하려는 의도가 있음이 분명하다.

부소의 묘는 산서성 원평(原平) 경내에 있다. 부소가 대장군 몽염과 함께 축성하여 흉노를 방어하였다. 부소가 모함을 받고 자결한 후에 지역민들이 묘를 세웠는데 북위(北魏) 효문제(孝文帝)가 명하여 제사를 지내게 하였고, 당태종은 칙명으로 백지대왕(柏枝大王)에 봉하고 위지공(尉遲恭)에게 명하여 묘를 세우도록 하였고, 북송 건륭(建隆) 연간에 부소 묘에 천 년이나 된 백수(柏樹)가 있어 백지신사(柏枝神祠)라고 하였다.

진시황에겐 자녀들이 많았는데 사서의 기록에는 12명과 10명의 딸이 피살되었다고 하여 호해를 포함하여 모두 23명의 자녀가 있었음을 알 수 있다. 그러나 전문가의 고증에 의하면 자녀가 모두 33명이었다고 한다.

호해를 제외한 나머지 32명은 모두 피살되었다. 부소는 변방에서 가짜 조서를 받고 자결하였고, 나머지는 함양에서 살육을 당한 것이다.

최근 진릉(秦陵)의 고고학적 발굴로 새로운 사실이 밝혀졌는데 1976년 10월, 진릉 동쪽 무공(武功) 서쪽의 장녕진(長寧鎭) 상초촌(上焦村)에서 모두 17개의 묘가 발견되었다. 그 가운데 8개를 발굴하였는데 8개의 묘는 각각 하나씩의 관이 발굴되었고 나머지 7개의 묘에는 각각 남자 다섯, 여자 둘의 인골이 발굴되었다. 나머지 하나의 묘에는 인골은 없고 청동검(靑桐劍)만이 있었다. 이상한 것은 관에는 인골이 사지(四肢)가 분리된 채 어지럽게 널려있었다는 점이다. 두개골도 몸통에서 분리되었는데 머리에는 화살촉이 박혀있어 비정상적으로 사망하였음을 알 수 있다. 또 불가사의한 점은 묘의 부장품은 금, 은, 동, 철, 도자기, 옥, 조개, 칠기와 비단 등 2백여 건이나 되었는데, 이러한 부장품은 유골의 신분을 밝혀주는 것으로 묘의 위치가 능원(陵園) 부근이란 점과 함께 추론해보면 능의 부장(附葬)이었음을 알 수 있다. 이러한 점에 근거하여 이 묘들은 잔혹하게 살육당한 진시황 자녀의 묘가 틀림없음이 판명되었다. 그리고 발굴 과정에서 매장하던 사람들이 불로 구운 흔적도 발견하였는데 당시의 날씨가 추웠던 점도 호해가 공자들을 살육했던 당시의 기후와도 맞았으므로 이러한 점들을 모두 종합하여 전문가들은 이들 묘의 주인은 진시황의 자녀라고 결론지었다. 또 발굴 중에 두 개의 도장을 발견하였는데 각각 새겨진 글자가 하나는 영록(榮祿)이고 다른 하나는 음만(陰嫚)이다. 영록은 진시황의 아들의 이름이고, 음만은 딸의 이름이다. 이러한 실물의 발견으로 『사기』의 문헌 기록이 사실임이 증명되었다.

진시황이 전국을 통일한 후에 국가 통치 체제를 확립하였다. 황제

밑에 중앙 기구로는 삼공(三公)과 구경(九卿)을 두었고 지방에는 군현(郡縣) 밑에 향정리(鄕亭里)를 설치하였다. 삼공이란 군사를 담당한 태위(太尉), 행정을 관장하는 승상(丞相), 감찰을 관장한 어사대부(御史大夫)이다. 승상 밑에 도성의 치안과 소방 업무를 맡은 중위(中尉)와 구경(九卿)을 두어 각 군(郡)을 다스리도록 했다. 구경은 봉상(奉常), 낭중령(郎中令), 위위(衛尉), 태복(太僕), 정위(廷尉), 전객(典客), 종정(宗正), 치속내사(治粟內史), 소부(少府)이다. 봉상은 종묘의 의식을 관장하는데 9경 중 지위가 가장 높았다. 낭중령은 궁전의 경위(警衛), 위위는 궁궐 대문, 태복은 궁정에서의 임금의 말과 국가의 마정(馬政), 정위는 사법과 재판 사무, 전객은 외교와 사절, 종정은 황족과 종실 사무, 치속내사는 조세와 재정 사무, 소부는 황실 수급용품과 관청의 수공업 사무를 관장하였다. 구경은 이후 왕조에서는 육부(六部)로 변형되었다.

　군에는 군위(郡尉), 군수(郡守), 감어사(監御史)를 두었고, 군수가 각 현(縣)을 관리하였다. 현에는 현위(縣尉)와 현령(縣令)을 설치했는데 현령이 각 향(鄕)을 다스렸다. 향에는 지방을 순찰하고 도적의 체포 업무를 책임진 유요(游徼), 향에서 가장 덕망이 높은 사람으로 교화에 힘쓰고 효제(孝悌)와 인의(仁義)로 군현(郡縣)에서 표창을 받고 추천을 받아 군현의 관리로 부임한 삼로(三老), 부세 징수와 요역(徭役) 배치를 담당한 인구가 5천 명인 고을에 군에서 파견된 유질(有秩)과 5천 명 이하의 향에 파견된 색부(嗇夫)를 설치했는데, 삼로(三老)가 각 정(亭)을 관리했고, 정에는 정장(亭長)을 두어 각 리(里)를 관리하게 했으며, 리에는 이장(里長)을 두었다. 정장이 지방의 말단 관리인데 한고조 유방이 처음에 이 관직을 맡았다.

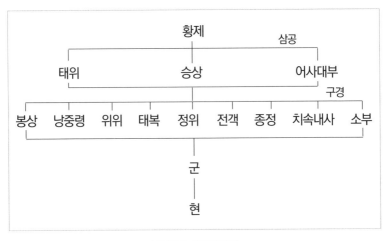

진나라의 행정조직표

진시황 26년(기원전 221년)에 승상 왕관(王綰)이 황자(皇子)들을 연(燕), 제(齊), 초(楚)의 왕으로 봉하고 군신들의 동의를 얻었다. 정위(廷尉) 이사(李斯)가 이를 반대하며 제후를 분봉하는 제도를 폐기하고 전면적으로 군현(郡縣)제도를 추진할 것을 주장했다. 진시황제가 이사의 건의를 수용하고 전국을 36개의 군으로 나누고 후에 또 계속 증설되어 40여 개 군이 설치되었다. 군현의 관리는 중앙과 황제가 직접 임명하고 면직할 수 있는 권한을 가져 군과 현은 중앙 정부가 관할하는 지방의 행정 기구 단위가 되어 이때부터 중앙집권이 확립되었다.

군은 중앙 정부가 관리하는 지방 행정단위이다. 그 조직의 기구는 중앙 정부와 같은데 군수(郡守), 군위(郡尉), 군감(郡監)를 두었다. 군수는 군의 최고 행정장관으로 군의 정무를 관장하고 중앙 정부의 직접적인 통제를 받았다. 군위는 군수를 보좌하며 군의 군사를 관장하였으며, 군감은 감어사(監御史)라고도 하는데 감찰 일을 맡았다.

군 이하에는 현(縣)을 설치했는데 현은 진나라 통치기구 중에 가장

관건이 되는 조직으로 중앙에서부터 지방 정부에 이르기까지 기구 중에 상대적으로 독특한 단위이다. 1만 호 이상의 현에 현령(縣令)을 설치하고, 이하일 경우는 현장(縣長)을 두었다. 장관격인 현령과 현장은 정무를 관장하고 군수(郡守)의 통제를 받았다. 현령 아래에는 위(尉), 승(丞)을 두었는데 현위는 군사와 치안을 관장하고 현승은 현령 혹은 현장의 조수로 사법을 관장하였다. 군과 현의 관리는 중앙에서 임명과 면직을 담당하였다.

현 밑에 향(鄕), 리(里)와 정(亭)이 있다. 향과 리는 행정 기구이고 정은 치안 조직이다. 향에는 삼로(三老), 색부(嗇夫)와 유요(游徼)를 설치하였다. 삼로는 교화(敎化)를 관장하고, 색부는 소송과 세금징수를 맡았으며, 유요는 치안을 관장하였다. 향 이하는 리인데 진나라 최하층 행정단위로 리에는 이정(里正) 혹은 이전(里典)을 두었다. 후대에는 이정과 이괴(里魁)라고 칭했다. 이밖에 치안과 도적을 금하는 전문 기구가 있었는데 이를 정이라고 했고 정에는 정장(亭長)이 장관이었다. 진나라 규정에 따라 10리(里)마다 정장(亭長)을 설치하였는데 전국의 요지에 정이 보편적으로 분포되어 있었다.

15

사슴을 가리키며 말이라고 하다

지록위마(指鹿爲馬)

조고가 조정의 권력을 장악하기 위해 시험 삼아 꾸민 해프닝

이세 3년 겨울에 조고가 승상이 되어 마침내 이사에게 죄를 묻고 죽였다.

8월에 조고가 반란을 일으키고자 하였으나 군신들이 듣지 않을까 염려하여, 먼저 시험해보기 위해 사슴을 끌고 와서 이세에게 바치고 <u>사슴을 가리키며</u> 말하였다.

"이것은 말입니다."

이세는 웃으며 말했다.

"승상, 그대가 틀렸소. 어찌 사슴을 말이라고 합니까?"

이세가 주변의 군신들에게 물으니, 대신들 가운데 어떤 사람은 묵묵히 있으면서 대답하지 않았고, 어떤 사람은 말이라고 대답하여 조고에게 아부했으며, 또 어떤 사람은 사슴이라고 말하였다. 조고는 은밀하게 사슴이라고 말한 사람을 법을 빙자하여 처벌하였다. 이와 같은 일이 있게 된 후부터는 군신들은 모두 조고를 두려워하였다.

연, 조, 제, 초, 한, 위나라는 모두 자립하여 왕이 되었다.

指 가리킬 지   鹿 사슴 록   爲 될 위   馬 말 마

함곡관 동쪽은 모두 진나라 관리를 배반하고 제후들에게 호응했으며, 제후들은 모두 자신들의 군사를 이끌고 서쪽을 향해 진나라로 진격하였다. 패공(沛公) 유방(劉邦)은 수만 명의 군사를 이끌고 무관(武關)을 도륙하고 사람을 보내어 조고와 비밀리에 접촉하였다. 조고는 이세가 화를 내어 자신을 주살할까 두려워서 병을 핑계로 조회에 나가지 않았다.

이세는 사신을 보내 조고에게 도적 떼가 가까이 접근하고 있는 일에 대하여 문책하자, 조고는 두려워서 몰래 사위 함양령(咸陽令) 염락(閻樂)과 동생 조성(趙成)과 모의하였다.

"천자를 바꿔 공자(公子) 영(嬰)을 새로 세우자."

조고는 낭중령(郎中令)에게 궁내에서 호응하게 하고, 거짓으로 큰 도적이 있다고 하여 염락에게 관리들을 소집하여 군사를 일으키게 하고 도적들을 쫓아가서 토벌하게 하는 한편, 혹시 염락이 변심할까 두려워서 염락의 모친을 인질로 삼기 위해 겁박하여 조고 자신의 부중(府中)에 감금시켰다.

조고는 염락에게 수위(守衛)의 장관인 위령(衛令)과 복야(僕射)를 포박하게 하고 거짓말을 했다.

"도적이 궁에까지 들어왔는데 어찌하여 막지 않는가?"

위령이 대답했다.

"방 주변에 군사를 배치하여 수비가 매우 삼엄한데 어떻게 도적들이 감히 궁에 들어올 수 있습니까?"

염락이 결국 위령의 목을 베어버리고는 관리와 군사들을 이끌고 곧장 궁으로 들어가 돌아다니면서 활을 쏘아댔다. 낭관(郎官)과 환관들이 매우 놀라 도망치거나 맞서 싸우기도 하였으나 맞서 싸운 자는 즉시 죽임을 당하였는데 죽은 자만도 수십 명이나 되었다. 낭중령과 염락이 함께 궁에 들어가 이세의 방 휘장에 활을 쏘았다. 이세가 노하여 좌우 시종들을 불렀으나 시종들은 두려워서 감히 맞서 싸우지 않았다.

염락이 이세 앞으로 나아가서 그의 죄상을 나열하며 말하였다.

"그대는 교만하고 방자하며 사람들을 잔인무도하게 살육하여 천하의 백성들이 함께 그대를 배반하였으니, 그대는 스스로 어떻게 해야 하나 생각하시오."

이세황제가 말했다.

"승상을 만나볼 수 있소?"

"안됩니다."

"나는 일개 군(郡)의 왕이 되길 바라오."

"안됩니다."

"만호(萬戶)의 후(侯)가 되고 싶소."

"안됩니다."

"처자와 함께 일반 백성이 되어 대우는 여러 공자처럼 해주소."

"신은 승상에게서 명을 받아 천하 사람들을 대신해서 그대를 죽이는 것이니 그대는 더 할 말이 많겠지만 신도 감히 그대를 대신하여 보고하지 않겠소."

염락이 그의 병졸들에게 이세황제 앞으로 나아가도록 지시하자, 이세는 자살하였다.

염락이 돌아가서 조고에게 보고하니, 조고는 여러 대신과 공자들을 모두 불러 이세를 주살한 상황을 알렸다.

조고는 이세 형의 아들 자영(子嬰)을 진나라 왕으로 삼았다.

자영은 그의 아들 두 사람과 의논하였다.

"승상 조고가 이세를 망이궁(望夷宮)에서 시해하고는 군신들이 자기를 죽일까 두려워서 거짓으로 의(義)를 빙자하고 나를 왕으로 삼은 것이다. 소문에 조고는 초나라와 밀약하고 진나라 종실을 멸하고 관중의 왕이 되려고 한다. 이제 내게 종묘에 재배하게 하니, 이는 묘당에서 나를 죽이려고 하는 것이다. 내가 병을 핑계로 가지 않으면 승상 자신이 반드시 올 것이니, 그가 오면 없애버려라."

조고는 사람을 시켜 여러 차례 자영을 불렀으나 자영이 가지 않자 과연 조고 자신이 직접 와서 말하였다.

"종묘에 제사 지내는 것은 중대한 일이거늘, 왕께서는 어찌하여 행하지 않으십니까?"

자영은 마침내 재계(齋戒)하는 궁에서 조고를 찔러죽이고, 조고의 삼족을 처형하고 이를 세상에 알려 백성들의 본보기로 삼았다.

자영이 진나라 왕이 된 지 46일이 되던 날, 초나라 장수 패공 유방이 진나라 군대를 격파하고 무관(武關)으로 진입한 다음, 이윽고 패상(霸上)에 도달하여 사람을 보내 자영에게 투항을 약속받았다. 자영은 즉시 자살의 뜻을 나타내 보이며 항복하니 처분을 바란다는 의미로 패옥(珮玉)를 매는 넓은 띠를 목에 감고, 백마가 끄는 흰색의 수레를 타고, 천자의 옥새와 부절(符節)을 받들고 지도(軹道) 옆에서 항복하였다. 패공은 마침내 함양에 입성하여 궁궐의 창고를 밀봉하고 패상으로 돌아와 주둔하였다.

한 달이 지난 후에 제후들이 군사를 이끌고 당도했는데, 항우는 합종(合從) 제후국의 맹장이 되어 자영과 진나라의 여러 공자를 비롯한 왕족들을 살해하고, 끝내는 함양의 백성들을 살육하고 궁궐을 불태웠으며 부녀자들을 사로잡고 진귀한 보물과 재물을 몰수한 다음, 제후들에게 공평하게 나누었다.

진나라를 멸한 후에 그 땅을 셋으로 나누어 옹왕(雍王), 새왕(塞王), 적왕(翟王)이라 하고 이를 삼진(三秦)이라고 불렀다. 항우가 서초패왕(西楚霸王)이 되어 정령(政令)을 주관하고 천하를 나누어 제후의 왕을 봉하니, 진나라는 드디어 멸망하였다. 그 후로 5년이 지나서 천하는 한나라가 평정하였다.

간체자 指鹿为马　**발음** 즈 루 웨이 마 zhǐ lù wéi mǎ　**편명** 진시황본기

| 해설 |

윗사람을 농락하여 권세를 제 마음대로 휘두름을 뜻하는데, 위세를 보여서 사람들을 우롱함을 비유하는 말이다.

16

충성을 다하여 잘못을 막다

진충불과(盡忠拂過)

정치가이자 문학가인 가의(賈誼)가
평한 진나라 멸망을 막을 수 있었던 방법

태사공이 말했다.

"가의의 논평은 참으로 훌륭했다. 그는 다음과 같이 말했다.

천자의 신분이 되어 고귀해지고 천하를 소유하여 부유해졌는데도 최후에는 자신이 남에게 사로잡힌다면 그것은 위기와 패망을 구제하는 조치가 틀렸기 때문이다.

진시황은 자기에게 만족하여 남에게 자문하지 않고, 결국은 잘못을 저지르고도 고치지를 않았다. 이세는 부친의 잘못을 그대로 이어받아서 고치지 않았고, 포악무도하여 화를 가중하였다. 자영은 고립되어 친척 하나 없었고 유약한데도 아무도 보필하는 사람이 없었다. 이 세 명의 임금은 미혹되었으면서도 죽는 날까지 잘못을 깨닫지 못했으니 패망에 이른 것은 당연하지 않겠는가?

盡 다할 진 忠 충성할 충 拂 털어낼 불 過 허물 과

당시 세상에 생각이 깊고 시세의 변화를 잘 아는 사람이 없는 것이 아니었다. 그러나 과감하게 충성하는 마음을 다하여 황제의 잘못을 막지 못했던 이유는 진나라의 습속을 꺼리고 피해야 할 금기가 많아서 충성스러운 간언을 하는 사람은 말도 끝나기도 전에 목숨을 잃었기 때문이다. 따라서 천하의 선비들은 귀를 기울여 듣게만 하고, 요지부동(搖之不動)한 채 입을 꾹 다물고 아무 말도 하지 못하게 하였다. 이 때문에 세 임금이 올바른 길을 잃어도 충신은 감히 간언하지 못했고 지혜로운 선비는 감히 대책을 내지 못하여, 천하가 혼란에 빠졌는데도 간악한 일이 군주의 귀에 들리지 않았으니 이 어찌 슬프지 않겠는가! 했다.

선왕은 말을 막거나 덮어버리는 것이 나라를 해친다는 것을 알고 있어서 공경 사대부를 두어서 법령을 정비하고 형벌과 율령을 설립하자 천하가 잘 다스려져서 태평했다. 진나라가 강성할 때는 폭력이 금지되고 반란을 일으킨 자들을 살육하여 천하가 복종했으나, 일단 쇠약해지자 5등의 작위들이 군주를 대신하여 정벌을 나가 제후들이 이들에게 복종하지 않을 수가 없었다.

속담에 "과거를 잊지 않는 것은 미래의 귀감(龜鑑)이 되기 때문이다"라고 하였다. 군자가 나라를 다스릴 때는 과거의 일을 자세히 살려서 당대에 시험해보고, 인물들의 공적과 잘못을 참고하고 흥망성쇠의 이치를 고찰하며, 권력과 위세의 합당함을 잘 헤아려서 파면과 승진, 상벌의 선후(先後)와 변화와 개혁의 적합한 시기를 잘 파악하였기 때문에 태평성세가 오래도록 지속하였고 나라가 안정되었다.

…

진섭(陳涉)은 깨진 항아리를 창으로 삼고 새끼줄로 문을 만든 집 자식으로 남의 밭에 고용된 보통의 농민이었는데 변방 수비를 위해 징발

되어 옮겨가던 무리였다. 재능은 중간에도 미치지 못했고 공자나 묵자처럼 현명하지도 못했으며 범려나 의돈(猗頓)처럼 부유하지 않았다. 행군하는 대오에 끼어 있다가 무리에서 들고일어나 노역에 지쳐서 흩어졌던 사졸들을 이끌고 수백 명의 군중을 거느리고 길을 바꿔 진나라를 공격하였다. 나무를 잘라 무기를 만들고 장대를 높이 세워 기를 만드니 천하 사람들이 구름처럼 모여들어 호응하여 양식을 짊어지고 그림자처럼 따르니 산동의 영웅들이 마침내 봉기하자 진나라가 멸망하였다.

진섭이 탕왕(湯王)이나 무왕(武王)처럼 어진 성격과 재능을 지니지 못했고 또 공후(公侯)처럼 존귀한 신분에 기대지 않았음에도 불구하고 대택(大澤)에서 봉기하자 천하의 백성들이 그에게 동조했던 것은 백성들이 위기에 처하여 부득이했기 때문이다. 선왕들은 시작과 끝의 변화를 보고 국가의 존망의 이치를 알았기 때문에 백성을 다스리는 도리는 백성들을 편안하게 해주는 것에 힘썼을 뿐이다. 천하에 비록 역행하는 신하가 있더라도 분명 그에게 호응하며 도움을 주는 사람은 없을 것이다. 그러므로 '안정된 백성들은 함께 의를 행할 수 있으나 위험에 처한 백성들은 함께 비행을 저지르기가 쉽다'라고 한 말은 이것을 일컫는 말이다. 천자의 귀한 몸으로 온 천하를 소유하고서 그 자신은 죽음을 면치 못한 것은 기울어가는 것을 바로잡으려는 방법이 잘못되었기 때문이다. 이것이 바로 이세의 잘못이었다."

간체자 尽忠拂过 발음 진 중 푸 궈 jìn zhōng fú guò 편명 진시황본기

| 해설 |

신하가 충성하는 마음을 다하여 황제의 잘못을 막지 못함을 뜻한다.
신하는 황제를 보필하는 것이 임무인데 간언하느냐 아부하느냐의 두
종류의 신하가 존재할 뿐이다.

가의의 논평 가운데 "입을 꾹 다물고 아무 말도 하지 못하게 하다"
라는 말은 '겸구결설(拑口結舌)'이라는 성어와도 같다. 이에 입에 재갈
을 물리고 혀를 묶는다는 뜻으로 귀에 거슬리는 비판을 막기 위해 언
로를 차단함을 비유하는 말이다.

진승이 가난한 집 출신이라는 것을 나타내는데 창(窓) '유(牖)'자를
사용하였다. '봉유모연(蓬牖茅椽)'이란 쑥으로 된 창과 띠로 된 서까래
라는 뜻으로 초라하고 가난한 집을 비유하는 성어다.

진승의 봉기는 중국 역사에 최초의 농민 봉기였는데 '게간이기(揭竿
而起)'는 봉기함을 비유하는 말이 되어 진승의 대명사가 되었다.

'분비(奮臂)'는 팔을 치켜듦을 뜻하는데 봉기를 비유하는 말이다.

17

흙이 무너지고 기와가 깨지다

토붕와해(土崩瓦解)

사마천의 진나라 패망에 대한 표현

태사공이 말하였다.

"시황이 제위에 오른 기간은 37년간이었다. 시황은 13세에 자리에 올랐다. 이세황제가 자리에 오른 기간은 3년이었다. 이세는 12세에 자리에 올랐다.

효명(孝明)황제, 즉 후한의 명제(明帝) 17년에 반고(班固)는 『전인(典引)』에서 다음과 같이 말했다.

여정(呂政), 즉 진시황은 잔인하고 포악했다. 13세 때에 제후가 되어 천하를 하나로 합하여 뜻대로 다하고 하고 싶은 것을 마음대로 하였다.

진시황이 죽고 호해가 매우 어리석어 여산의 공사가 끝나지도 않았는데 아방궁을 짓기 시작하여 이전의 계획을 이루었다.

그리고는 말했다.

"천하의 소유를 귀하게 여기는 것은 마음대로 하고 싶은 것을 할 수

土 흙 토　崩 무너질 붕　瓦 기와 와　解 풀어질 해

있기 위해서인데, 대신들은 선왕이 했던 것을 중지하려고 한다.”

이세는 이사와 풍거질을 죽이고, 조고를 임명했으니 아프구나, 이세의 말이여!

이세는 사람의 머리를 가지고서 짐승의 소리를 내질렀다. 그가 만약 제왕의 권위에 의지하지 않았다면 이렇게 잔혹하지는 않았을 것이고, 이렇게 흉악한 죄악이 깊이 쌓이지 않았다면 허무하리만큼 쉽게 나라를 망치지는 않았을 것이다. 황제 자리에 올라 오래 보존하지 못하고, 잔혹한 짓은 그의 멸망을 가속화하였다. 비록 지형이 유리한데도 오히려 국토를 보존할 수 없었다.

자영은 순서를 뛰어넘어 황위를 계승하였다. 소인배들이 마땅하지 않은 높은 자리에 발탁되어, 직무는 어떻게 하는 것인지 몰라 어리둥절하다가 감당하지 못한 채 날마다 편안함만을 추구하였다. 이에 자영은 홀로 깊이 생각하고 과감하게 결정을 하여, 교활한 간신 조고를 주살하고 역적을 토벌하였다.

조고가 죽은 다음, 빈객과 인척들이 미처 서로의 노고를 위로하지도 못하고, 잔칫상의 음식이 미처 목구멍을 내려가지도 못하며, 술이 미처 입술을 적시기도 전에 초나라 병사들이 이미 관중(關中)을 도륙하여 진짜 천자 유방이 패상으로 달려오니, 자영은 백마가 끄는 흰색의 수레를 타고 목에 띠를 두르고 옥새를 받들어 그에게 넘겨주었다.

강물은 일단 터져버리면 다시는 막을 수 없고, 물고기는 한 번 썩으면 다시 온전히 살릴 수 없다. 그래서 가의와 사마천은 다음과 같이 말한 것이다.

‘만약 자영이 평범한 군주의 재능을 지녔고 중간 정도 수준의 재능을 가진 신하의 보좌만이라도 받았다면, 비록 산동 지방에서 반란이

일어났다고 하더라도 진나라의 국토는 온전하게 소유할 수 있고 종묘의 제사가 끊어지지는 않았을 것이다.'

진나라의 쇠퇴는 오랜 기간 누적되어서 천하가 흙더미가 무너지듯 기왓장이 깨지듯 하여 붕괴하였으니, 수습할 수조차 없게 되어 설사 주공(周公)의 재주가 있다고 해도 기묘한 지혜를 펼칠 수가 없었을 것인데, 하루아침에 고아가 된 자영이 가의(賈誼)를 책망한 것은 잘못된 것이다!

속세에 전해지길 진시황이 처음 죄악을 저질렀고, 이세는 죄악이 극에 달했다고 하는 말은 일리가 있다. 그런데도 오히려 어린 자영을 책망하며 진나라를 보존할 수 있었다고 운운하니, 이는 이른바 시세의 변화를 통찰하지 못한 것이다. 나는 『진기(秦紀)』를 읽다가 자영이 조고를 사지를 수레에 메어 찢어 죽이는 거열형(車裂刑)에 처한 그의 결단을 칭송하고 그의 뜻을 가엾게 여겨 동정하지 않은 적이 없었다. 자영은 생사의 대의(大義)를 갖추었다고 할 수 있을 것이다."

간체자 土崩瓦解 출처 투 벙 와 제 tǔ bēng wǎ jiě 편명 진시황본기

| 해설 |

임금이 깨닫지 못하면 큰 화를 초래함을 뜻하는데, 어떤 조직이나 사물이 손을 쓸 수 없을 정도로 무너져버리는 경우에 이 말을 사용하며, '와해'란 말이 여기에서 유래하였다.

황제가 되고 싶은 것은 자기가 하고 싶은 것을 마음대로 할 수 있기 때문이라고 이세가 말하면서 간언하는 신하를 죽이고 자기편을 드는

조고를 곁에 두는 행위에 대해 사마천이 애통해하며 한 "가슴이 아프다 이세의 말이여!"라는 표현은 "이세의 이 말이 사람의 가슴을 얼마나 아프게 하였을까!"라는 뜻이다.

18

산을 뽑고 솥을 들다

발산강정(拔山扛鼎)

힘이 장사인 항우를 나타낸 말

항적(項籍)은 이름이 적(籍)이고 자(字)가 우(羽)이며 하상(下相), 지금의 강소성(江蘇省) 북부 숙천(宿遷) 사람이다. 순(舜)임금이 눈동자가 둘인 것처럼 항우도 눈동자가 둘이어서 사람들이 무서워하였다고 전한다. 진나라 말경에 농민 반란이 일어난 틈을 타서 민간에서 봉기하였는데 처음에 군대를 일으켰을 때 나이가 24세였다.

항우의 막내 숙부가 항량(項梁)이고, 항량의 아버지는 초나라 장수 항연(項燕)이다. 항씨는 대대로 초나라의 장수로서 항(項) 땅의 제후로 봉해졌으므로 성을 항씨로 하였다.

항우는 어렸을 때 글을 배웠으나 도중에 포기하고는 검술을 배웠는데 이것도 다 끝내지 못하였다. 항량이 화를 내자 항우가 말하였다.

"글은 이름을 쓸 정도면 족하고, 검은 한 사람만 대적할 뿐이니 배울 만한 것이 못됩니다. 수많은 사람을 대적할 수 있는 것을 배우고 싶습니다."

이에 항량이 항우에게 병법을 가르치니 항우가 크게 기뻐했으나 대

拔 들 발　山 뫼 산　扛 들 강　鼎 솥 정

략 그것의 뜻만 알고 이것도 끝까지 배우려고 하지 않았다.

항량은 사람을 죽여 조카 항우와 함께 오중(吳中), 지금의 강소 소주(蘇州)로 몸을 피했다. 이곳의 현명한 인재들은 모두 항량의 밑에서 나왔다. 매번 오중에 큰 부역과 상(喪)이 있으면 항량이 항상 주관하였다. 몰래 병법으로 빈객과 젊은이들을 통솔하였으므로 이것으로 그의 능력을 짐작할 수 있었다.

진시황이 회계산(會稽山)을 유람하고 절강(浙江), 지금의 항주(杭州) 전당강(錢塘江)을 건너는데, 항량과 항우가 함께 그 모습을 지켜보았다.

항우가 말하였다.

"저 사람의 자리를 빼앗아 대신할 수 있으리라."

항량이 그 입을 막으며 말하였다.

"함부로 말하지 말라. 우리 일가가 멸족된다!"

그러나 항량은 이 일로 항우를 범상치 않게 여겼다.

항우는 키가 8척, 약 190미터가 넘고, 힘은 커다란 정(鼎)을 들어 올릴 정도로 세었으며, 재주가 범상치 않아 오중의 젊은이 모두가 이미 그를 두려워하였다.

간체자 拔山扛鼎 **발음** 바 산 강 딩 bá shān gāng dǐng **편명** 항우본기 項羽本紀

| 해설 |

힘이 장사라는 뜻이다.

항씨 가족 성원을 살펴보면, 항우의 조부 항연(項燕,?~기원전 223년)은 초나라 장수로 진나라 장수 왕전(王翦)이 진시황 23년에 초나라 군대를 무찌르고 초나라 왕을 사로잡았을 때 회남(淮南)에 군대를 주둔시키고 있다가 이듬해에 왕전이 다시 초나라를 공격하자 자결하였다. 항연의 아들은 셋인데, 첫째는 항우(기원전 232~기원전 202년)의 부친 항거(項渠)이고, 둘째는 항량(項梁, ?-기원전 208년), 막내는 항백(項伯, ?~기원전 192년)이다.

큰아들 항거는 일설에 항영(項榮) 또는 항초(項楚)라고도 하는데 일찍 죽었고, 둘째 아들 항량은 초나라 무신군(武信君)이 되었다가 정도(定陶) 전투에서 진나라 장수 장한(章邯)에게 피살되었으며, 셋째아들 항백은 초나라 좌윤(左尹)으로 후에 유방에 투항하여 유씨 성을 하사받고 사양후(射陽侯)에 봉해졌다.

항우는 항초의 아들이고 스스로 서초패왕(西楚霸王)이라 칭했고 유방에게 해하(垓下)전투에서 패하여 오강(烏江)에서 자결하였다. 유유(劉猷)는 항백의 아들로 원래 이름이 항유(項猷)였는데 부친 항백이 유방에게 투항한 후에 그도 유씨 성을 하사받았다. 항장(項莊)은 항우의 당숙으로 『사기』에는 별로 언급이 되지 않는데 유일하게 "항장무검(項莊舞劍), 의재패공(意在沛公)"의 고사로 유명하다.

항양(項襄)은 한(漢) 2년에 정도(定陶)에서 유방에게 투항하여 한나라 장수가 되었고 영포(英布)가 배반하자 대알자(大謁者)가 되어 영포를 격퇴하여 그 공으로 도후(桃侯)에 봉해졌고 아들 애후(哀侯) 유사(劉舍)는 경제(景帝) 때 주아부(周亞夫)의 승상이 되었다.

항타(項他)는 처음에는 위(魏)나라의 재상이었으나 초나라의 부영윤(副令尹)에 해당하는 주국(柱國)이 되어 정도(定陶)에서 관영과 싸웠으나 패하고, 항우의 도성 팽성(彭城)을 관영이 공격하여 점령하자 포로로 사로잡혔다. 항한(項悍)은 초나라 장수였는데 한나라 장수 근흡(靳歙)에게 패하였고, 항관(項冠)도 일찍이 한나라 장수 관영에게 패하였다.

항우고리(項羽故里)는 강소성 숙천(宿遷) 시내 동남쪽에 있다.

강소성 북부의 중심지 서주(徐州)를 중심으로 북쪽으로 90km 떨어진 패(沛)는 유방의 고향이고, 남동쪽으로 120km 떨어진 숙천은 항우의 고향이다. 두 곳 모두 차로 2시간 이내의 비교적 가까운 거리에 있다.

서주는 회해(淮海) 지역의 정치, 경제, 문화의 중심지로 요임금 때 팽조(彭祖)가 대팽씨국(大彭氏國)을 세워 강소성 최초의 성읍으로 화하(華夏) 구주(九州)의 하나였다. 유방의 고향이 가까이에 있고, 기원전 206년에 항우가 진나라를 멸망시키고 자립하여 서초패왕이라고 칭하고 팽성(彭城)에 도읍을 세워 서주는 팽조의 고국(故國)이자 유방의 고리(故里)이며 항우의 고도(古都)로 불린다. 서한 때 초국(楚國)에 속했고, 동한 때는 팽성국에 속했다가 삼국 시대 때 조조(曹操)가 팽성에 자사로 부임하면서 서주라고 칭하였다.

서주에 항우가 도읍을 세운 후 팽성이라 하고 도성 남쪽의 남산(南山)에 말을 조련하고 경주하는 모습을 관람하기 위해 희마대(戲馬臺)를 세웠다.

19

먼저 착수하면 남을 제압할 수 있고
나중에 하면 남에게 제압을 당한다

선즉제인(先則制人)
후즉위인소제(後則爲人所制)

회계 군수가 항량에게 한 말

진나라 이세 원년(기원전 209년) 7월, 진섭(陳涉)이 대택향(大澤鄕)에서 봉기하였다. 9월에 회계(會稽) 군수 은통(殷通)이 항량에게 말했다.

"장강 서쪽이 모두 봉기했으니 이것 또한 하늘이 진나라를 망하게 할 때다. 내가 듣기에 먼저 착수하면 남을 제압할 수 있고, 나중에 하면 남에게 제압을 당한다고 하였다. 내가 군대를 일으킬 것이니 그대와 환초(桓楚)가 군사를 통솔하라."

당시에 환초는 도망쳐서 택중(澤中)에 있었다.

항량이 말했다.

"환초가 도망쳤는데 사람들은 그가 어디에 있는지 모른다. 오직 항적만이 알고 있다."

先 먼저 선 則 곧 즉 制 제압할 제 人 사람 인
後 뒤 후 則 곧 즉 爲 될 위 人 사람 인 所 바 소 制 제압할 제

항량은 즉시 나와서 항적에게 검을 지니고 밖에 있으면서 기다리며 경계하라고 분부했다. 항량이 다시 안으로 들어가 군수와 함께 앉아서 말했다.

"항적을 불러 그에게 환초를 부르라는 명을 받도록 하십시오."

군수가 좋다고 말하자, 항량이 항적을 불러 안으로 들어오게 했다. 잠시 후에 항량이 항적에게 눈짓하며 말했다.

"행동해도 된다!"

항적이 칼을 뽑아 군수의 목을 베었다. 항량이 군수의 목을 손에 쥐고 그의 인수(印綬)를 허리에 찼다. 군수의 부하들이 놀라 소란을 피우자 항우가 수십 명을 죽였다. 군수 관아의 군사들이 모두 두려워서 땅에 엎드린 채 감히 고개를 들고 일어나지 못했다. 항량은 옛날에 알던 권세 있는 관리를 불러모아 봉기한 일을 설명하고 드디어 오중(吳中)의 군대를 장악하였다. 항량은 사람을 시켜 오중 소속의 현을 접수하여 정예군사 8천 명을 얻었다. 항량은 오중의 호걸들을 교위(校尉), 후(候), 사마(司馬)에 임명하였다. 한 사람만 등용되지 못하여 이 사람이 항량에게 따지자 항량이 말했다.

"전에 어떤 상(喪)이 있었는데 이 일을 그대에게 맡겼는데 이를 잘 처리하지 못했으므로 이번에 그대를 등용하지 않았다."

모두 복종하였다.

이어 항량은 회계 군수가 되었고 항우는 부장(副將)이 되어 오중에 소속된 현을 공략했다.

진섭은 진왕(陳王)이 되었는데, 진왕의 부하 소평(召平)이 진왕의 명이라고 사칭하고 항량을 승상에 해당하는 상주국(上柱國)에 임명하고 진나라를 공격하라고 재촉하였다. 이에 항량은 8천 명을 이끌고 서쪽으로 갔고 회수(淮水)를 건너 도중에 봉기한 군사들을 흡수하여 병사가 7, 8만 명이나 되었다. 경포(鯨布)와 같은 봉기 군대들이 속속 항량 부대에 귀의하였다.

항량은 산동 경내에 진승의 명령을 듣지 않고 초나라 후예를 옹립하여 초나라 왕으로 삼고 항량의 북상을 저지하는 봉기 군대의 장수를 죽이고 산동의 설(薛) 땅에 진군하였는데, 진왕이 확실히 죽었다는 소식을 듣자 여러 별장(別將)들을 불러 모아 앞으로의 계획을 논의하였다. 이때 패공(沛公) 유방도 패 땅에서 봉기하여 설 땅으로 갔다.

거소(居鄛), 지금의 안휘 소현(巢縣)인 사람 범증(范增)은 나이 70세로 평소 출사하지 않고 자신의 집에서 지내며 기묘한 계책을 생각하길 좋아했다.

범증이 항량을 찾아가서 유세하였다.

"진승이 패한 것은 당연합니다. 진나라가 여섯 나라를 멸망시켰는데 초나라는 죄가 없습니다. 진왕이 불러 회왕이 진나라에 갔다가 돌아오지 못했으니 초나라 사람들은 그를 지금까지도 가엾게 생각하고 있습니다. 음양가 초남공(楚南公)이 말하길, '초나라에 집 세 채만 남아있어도 진나라를 망하게 할 나라는 초나라뿐이다'라고 했습니다. 지금 진승이 처음 봉기하였으나 초나라 왕 후손을 세우지 않고 스스로 왕이 되었으니 그 세력이 오래 가지 못한 것입니다. 지금 봉기한 초나라 장수와 병사들이 벌떼처럼 모두 다투어 그대에게 귀의하는 것은 그대는 대대로 초나라 장수 집안으로 다시 초나라 후손을 왕으로 세울 수 있으리라 여기기 때문입니다."

이리하여 항량은 그의 말이 옳다고 여겨 민간에서 남의 양치기 노릇을 하던 회왕의 손자 웅심(熊心)을 찾아내어 왕으로 세우고 초회왕(楚懷王)이라고 하니, 이는 백성들이 바라던 것을 항량이 따른 것이다.

이때 유방이 군대를 이끌고 항우에게 귀속하였다. 항량은 항우와 유방이 의형제를 맺도록 명하고 나란히 작전을 펼치며 중원 땅에 진격하도록 하였다.

회왕이 우이(盱眙), 지금의 강소성 회안(淮安)에 도읍하였으며, 항량은 스스로 무신군(武信君)이라고 칭했다. 이때 초나라 군대는 10여만 명에 이르렀다.

항우와 유방의 연합군은 항량이 선봉이었다. 8월에 동아(東阿), 지금의 산동 양곡(陽谷)에 진격하여 진나라 주력군의 장수 장한(章邯)을 대패시키고 군대를 나누어 추격하게 하였다. 항량은 한단을 포위하고, 항우와 유방 연합군은 서쪽으로 진나라 군대를 추격하여 여러 성을 공격하여 진나라 군대를 크게 무찔렀다. 항우는 승기를 타고 하남(河南)에 들어가 옹구(雍丘), 지금의 하남 기현(杞縣)을 공격하여 이사(李斯)의 아들 이유(李由)를 죽였다. 이유는 군사 요충지 낙양에 군대를 주둔시키고 동쪽으로 한단을 구원하였으나 항우에게 피살된 것이다. 이유는 봉기한 군사에게 주살된 진나라 장수 가운데 최고위 장군이었으므로 항우의 명성이 크게 천하에 떨쳤다.

항량은 동아에서 군사를 일으켜 서쪽으로 갔다가 정도(定陶)에 이르러 기다린 뒤 진나라 군대를 쳐부수고 이사의 아들 이유를 참수하자 진나라를 더욱 경시하더니 교만해지기 시작했다. 항우와 함께 봉기한 송의(宋義)가 이를 항량에게 간했다.

"전쟁에서 이겼다고 장수가 교만해지고 병사들이 나태해지면 다음에는 패할 것입니다. 지금 병사들이 조금 나태해지는 반면 진나라 병사는 날로 증원되니 신은 공을 대신하여 이것이 두렵습니다."

항량은 듣지 않고 송의를 제나라 사신으로 파견했다. 송의가 제나라로 가는 길에 제나라 사신 고릉군(高陵君) 현(顯)을 만났다. 송의가 그에게 말하였다.

"공은 무신군 항량을 만날 것입니까? 신은 무신군의 군사가 패할 것이라고 추론되오니 그대가 천천히 가면 죽음을 면할 것이고 급히 가면 화를 당할 것입니다."

과연 진나라는 전력을 기울여 군사를 일으켜서 장한에게 증원해주었다. 장한이 초나라 군대를 공격하여 정도에서 대파하니 항량은 전사하였다. 진나라에 대항하는 봉기 군사의 패배 중에 진승 사망 이후 초나라의 가장 큰 좌절이었다.

패공은 팽성(彭城) 서쪽으로, 패공은 탕현(碭縣)으로 갔다.

초나라 병사가 정도에서 크게 격파당하자 회왕이 두려워서 우이에서 팽성으로 옮겼고 또 항우는 친히 군사를 통솔하였다. 패공 유방은 탕군의 장(長)이 되었고 무안후(武安侯)에 봉해졌으며 탕군의 군사를 지휘했다.

긴체자	先则制人, 后则为人所制
발음	셴 저 쯔 런 xiān zé zhì rén
	허우 쩌 웨이 런 쒀 즈 hòu zé wéi rén suǒ zhì
편명	항우본기

| 해설 |

먼저 군대를 일으키면 남을 제압할 수 있지만 늦게 군대를 일으켜

봐야 남에게 제압을 당하게 된다는 뜻이다. 남을 제압하는 것과 남에게 제압당하는 것은 차이가 큰 것임을 나타냈다. 이 성어와 유사한 "선즉제우기(先則制於己), 후즉제우인(後則制於人)"이라는 성어는『자치통감(資治通鑑)』「수기(隋紀)」공제(恭帝) 의녕(義寧) 원년의 기록에 보이는데, 뜻은 먼저 자신을 제압한 후에야 비로소 적을 이길 수 있다는 것이다.

숙부 항량과 함께 오중에 있을 때 항우는 성격이 조심성이 없고 거칠었어도 재주와 패기를 겸비하여 오중의 자제(子弟)들이 그를 두려워하면서도 항우와 가까워지기를 바랐다. 항우는 솔직하고 의협심이 강하여 젊은이들과 단결하였고 오중의 젊은이들은 항우의 영향을 받아 무예를 익혀 항량이 군사를 일으켰을 때 이 오중의 젊은이들을 중심으로 8천 명을 모을 수 있었다. 이들을 '강동자제(江東子弟)'라고 한다. 강동자제 8천 명은 항우의 정예 병사였다. 그런데 항우가 학문과 무예를 배워도 인내심이 없어 둘 다 완성하지 못하고 항량으로부터 질책을 받았어도, 병법을 배워 군사를 지휘하고 싶다는 말을 통해 그의 호탕한 기백과 큰 포부를 엿볼 수 있는 동시에 대략의 뜻만 알고 병법을 제대로 익히지 못한 점과 난폭한 성격 이 두 가지는 훗날 자결로 종말을 고하는 비극적 영웅의 필연적인 실패 요인이 되었다.

진왕 진섭이 죽은 후에 향량이 맡은 관직인 상주국은 원래 춘추 시대 초 고위 군사령관을 지칭했는데 공훈(功勳)의 영예로운 칭호가 되었다. 전국 시대 때 초나라와 조나라에서 설치했고 영윤(令尹)과 상국(上國) 아래 자리여서 상당히 높은 관직이었다. 원래는 도성을 보위하는 관직이었고, 주국(柱國)은 국도(國都)라는 뜻이다.

범증이 항량에게 유세하는 말 가운데 "초나라 장수와 병사들이 벌떼처럼 모두 다투어 귀의하고 있다"에서 '벌떼'는 '봉오(蜂午)'라고 한다.
'오(午)'는 가로세로로 뒤엉키다는 뜻으로 교차하다는 의미인데 '봉오병
기(蜂午幷起)'는 호걸들이 봉기(蜂起)하여 뒤엉켜 싸우는 것을 비유하는
말이다.

20

갑옷을 입고 무기를 들다

피견집예(披堅執銳)

상장군 송의가 조나라를 포위한 진나라 군대를 공격하지 않고
지체하는 것에 항의하는 항우에게 한 말

송의를 만났던 제나라의 사신 고릉군 현이 초나라 군중에 있게 되
었다. 그가 초회왕을 만나서 이렇게 말했다.

"송의는 무신군 항량의 군사가 반드시 패할 것이라고 했는데, 며칠
후 무신군의 군대가 과연 패했습니다. 군대가 싸우기도 전에 미리 그
패배의 조짐을 알았으니, 이는 병법을 안다고 할 만합니다."

진나라 장수 장한은 군대를 이동시켜 하북(河北)으로 가서 조(趙)나
라를 포위하였다. 초회왕은 팽성(彭城)에 군대를 주둔시키고 대책을
세웠다. 팽성 회의에서 두 갈래로 군대를 나누어 진나라를 공격하기로
결정하였다. 하나는 항우, 범증과 함께 송의의 주력군은 북상하여 조
나라를 구하고, 다른 하나는 유방이 하남에서 서쪽으로 가서 무관(武
關)에서 우회하여 진나라 수도 함양을 공격하는 것이었다.

초회왕이 송의를 불러 함께 대사를 의논하고는 크게 기뻐하며 그를

披 입을 피　堅 굳을, 갑옷 견　執 집을 집　銳 날카로울, 창 예

상장군(上將軍)으로 삼았다. 그리고 항우는 노공(魯公)에 봉해져서 차장(次將)이 되었고, 범증(范增)은 말장(末將)이 되어서 조나라를 구원하기로 하였다. 별장들이 모두 송의의 휘하에 속하게 되니, 송의는 경자관군(卿子冠軍)으로 불렸다.

207년 10월에, 송의의 주력군이 북상하여 안양(安陽), 지금의 산동 조현(曹縣)에 이르러 46일 동안을 머물며 진격하지 않으니, 항우가 말하였다.

"진나라 군대가 조나라 왕을 거록(巨鹿)에서 포위하고 있으니, 빨리 군사를 이끌고 강을 건너가서 초나라는 그 바깥을 치고, 조나라는 안에서 호응한다면, 진나라 군대를 반드시 무찌를 수 있을 것입니다."

송의가 이렇게 말했다.

"그렇지 않소. 소를 물어뜯는 등에는 때려잡을 수 있어도 기생충 이를 잡을 수는 없는 것이오. 지금 진나라가 조나라를 공격하는데, 전쟁에서 승리한다 해도 병졸들은 피로해질 것이니 우리는 그 피곤한 틈을 이용하면 될 것이오. 진나라가 승리하지 못할 때 우리가 군사를 이끌고 서쪽을 친다면, 반드시 진나라를 함락시킬 수 있을 것입니다. 그러므로 먼저 조나라와 진나라가 서로 싸우게 하는 것이 낫소. <u>갑옷과 무기로 무장하고</u> 싸우는 것은 내가 그대보다는 못하지만, 앉아서 계책을 쓰는 일에서는 그대가 나보다 못할 것이오."

그리고는 송의는 군중에 명을 내렸다.

"사납기가 호랑이 같고 양처럼 거칠고 사나우며 탐욕스럽기가 승냥이 같고 고집이 세어 부릴 수가 없는 자는 모두 참수하라."

그리고는 그의 아들 송양(宋襄)을 제나라에 보내어 재상이 되게 했는데, 친히 무염(無鹽)까지 전송하고는 성대한 주연을 베풀었다. 날은 차갑고 폭우가 쏟아져 사졸들은 춥고 굶주렸다.

항우가 이렇게 말하였다.

"힘을 합쳐 진나라를 공격해야 하는데도 오랫동안 머물며 진격하지 않더니, 지금은 흉년이 들어 백성들은 궁핍하고 병졸들은 토란과 콩으로 연명하며, 군영에는 저장된 군량도 없는데도 성대한 연회를 벌여서 술이나 마시기만 할 뿐이다. 군사를 이끌고 강을 건너 조나라의 양식에 의지하고 조나라와 함께 힘을 합쳐 진나라를 공격하지 아니하면서 진나라 군사가 조나라와 싸워 지친 틈을 이용하리라고만 말한다. 강한 진나라가 새로 건립된 조나라를 공격하면 분명 그 기세로 반드시 조나라를 빼앗을 것이오. 약한 조나라가 함락되고 진나라가 강해진 뒤에 무슨 지친 틈을 이용하겠다는 것인가? 지금 초나라의 병사가 방금 격파당하여 회왕이 좌불안석이어서 국내의 군사를 쓸어모아 오로지 장군에게 속하게 하였으니, 국가의 안위는 오직 이 거사에 달려 있다. 그런데도 지금 사졸을 돌보지 아니하고 사사로운 부자간의 정에만 따르니 사직을 보존하려는 신하가 아니로다."

그리하여 항우는 아침에 상장군 송의의 막사를 찾아가서 그 자리에서 송의의 머리를 베고 군중에 영을 내렸다.

"송의는 제나라와 함께 초나라를 배반할 모의를 꾸미고 있었으므로, 초왕께서 은밀히 나에게 그를 주살하도록 하셨다."

당시에 장수들 모두가 두려워서 복종하며 감히 저항하지 못하고 말했다.

"처음 초나라를 세운 사람은 장군 집안이오. 지금 장군은 반란을 모의한 자를 주살한 것입니다."

이에 장수들은 모두 항우를 상장군으로 세우고, 사람을 보내서 송의 아들을 제나라까지 추격하게 하고 그를 죽였다. 그리고는 환초를 시켜 회왕에게 이를 보고하게 하자, 회왕이 항우를 상장군으로 삼았다.

| 해설 |

　장수가 전쟁터에 나가 싸우기 위해 무장하는 것을 형용하는 말이다.
　장군이 전쟁에 나가서 싸우는 것을 나타내는데, '피(披)'는 옷을 입을 '피(被)'와 같아서 이 성어의 동의어는 '피견집예(被堅執銳)'이다.
　항량이 교만하므로 싸움에서 패할 것이라고 예견하였고, 정말로 항량이 전사하였던 것을 잘 알고 있는 송의는 자신이 초회왕에게서 상장군에 임명된 후에 그 자리를 보존하기 위해 직접 싸우는 수고를 덜고 어부지리만을 취하려는 안이한 태도로 돌변하였다. '외전불전(畏戰不前)', 즉 두려워하며 앞장서서 싸우지는 않고 대신 아들을 보내며 성대한 송별잔치까지 벌이면서 공익보다 사익을 먼저 추구한 자신의 교만을 알지 못하여 결국 부하 장수 항우에게 죽임을 당하게 되는 것은 예견하지 못하였다. 남의 교만은 환히 들여다보면서 자신의 교만에는 어두웠다.
　송의는 진나라 군대를 무찌른 항량에게 간하길, 전쟁에서 이겼다고 교만하고 병졸들이 게으르면 다음 전쟁에서는 패할 것이라고 하였다. 과연 자만에 빠진 항량은 신나라 장수 상한의 군사에게 패하고 전사하였다. 그러나 덕분에 초왕이 송의를 상장군에 봉했다.
　송의는 조나라를 구하라는 초왕의 명령에 따라 항량의 조카 항우와 함께 조나라로 향하는 도중에 더는 나아가지 않아, 항우가 서둘러 조나라를 구하지 않느냐고 묻자, 송의는 "소를 물어뜯는 등에는 이를 이길 수 없다(搏牛之虻不可破蟣虱)"라고 하였다. '맹(虻)'은 '맹(蝱)'과 같은 글자로 소나 말의 피를 빨아먹는 등에를, '기슬(蟣虱)'은 혈액을 빨아먹는 기생충 이를 말한다. 소 몸에 달라붙은 등에를 잡는다 해도 소 몸 위의 이를 제거할 수는 없다는 뜻이다.

송의는 등에를 진나라 장한이 통솔하는 군대에, 이를 진나라에 비유하였다. 초나라 군대는 최종적으로 이에 해당하는 진나라를 패배시키는 것인데 조나라를 포위하고 있는 장한의 군대, 즉 등에를 공격한다 해도 효율적인 전쟁은 아니라는 것이다. 그래서 군대의 힘을 소모하면서까지 장한의 군대에 대항하기보다는 먼저 진나라와 조나라가 싸우게 하는 것이 낫다고 판단한 것이다.

송의는 또한 자기 아들 송양(宋襄)을 제나라에 보내어 재상이 되게 했는데 직접 전송하며 주연을 성대하게 베풀었다. 게다가 날씨는 차갑고 비가 많이 내려 병졸들이 춥고 굶주렸다. 이에 항우가 말하길, 흉년으로 백성들은 가난하고 병졸들은 보잘것없는 토란이나 콩으로 끼니를 때우는데 상장군 송의는 연회나 성대하게 벌이고. 조나라와 힘을 합쳐 진나라를 공격해야 하는데도 진나라와 조나라가 싸워 그 틈을 타서 어부지리를 얻겠다고 한다.

진나라가 조나라를 공격하면 진나라는 더욱 강대해지는데 상장군은 춥고 배고픈 병졸들을 불쌍히 여기지도 않고 자신의 사사로움만을 따르니 이는 사직을 보존하는 신하가 아니라고 하고는 송의의 머리를 베어버렸다. 교만한 항량을 질책하였던 송의가 공사를 구분하지 못하고 사적인 이익만을 좇다가 결국 부하 장수와 병사들의 신임을 얻지 못해 죽임을 당한 것이다.

송의는 교만하다고 남을 질책하였으나 자신도 교만하였다. 장수가 교만하면 패한다고 항량에게 간하였는데 항량이 적에게 죽임을 당하는 것을 본 초왕은 송의가 병법을 아는 인물이라고 인정하여 그를 상장군에 임명하였으나 송의는 진나라와의 전투에 앞서서는 교만하게 행동하다가 항우에게 죽임을 당했다. 남을 교만으로 질책하여 승진하였다가 자신이 교만하여 죽임을 당한 것이다.

21

솥을 깨뜨리고 배를 가라앉히다

파부침주(破釜沉舟)

항우가 강을 건너면서 병사들에게 결사적으로 싸우게 하기 위한 전술

항우가 송의를 죽인 후에 그의 위세가 초나라 천지를 진동하였고 명성은 제후들에게까지 전해졌다. 이에 당양군(當陽君) 경포(黥布)와 포장군(蒲將軍)에게 병사 2만 명을 이끌고 장하(漳河)를 건너서 거록(巨鹿), 지금의 하북 형대(邢臺)를 구원하도록 하였으나 싸움에서 얻은 성과가 적자, 진여(陳餘)가 또 구원병을 요청하였다. 이에 항우가 군사를 이끌고 장하를 건넌 다음, <u>배를 모두 가라앉히고, 솥과 시루 등의 취사도구를 깨뜨리고</u> 막사를 불사른 뒤 3일분의 군량만을 휴대하게 하여 사졸들에게 필사적으로 싸울 것이며 결코 살아 돌아올 마음이 없음을 보였다.

이리하여 항우는 거록에 도착하자마자 왕리(王離)를 포위하고 진나라 군사와 아홉 번 싸워 그들의 용도(甬道)를 끊어서 크게 무찔렀으며, 진나라 장수 소각(蘇角)을 죽이고 왕리를 포로로 잡았다. 섭간(涉間)은 초나라에 항복하지 않고 스스로 불에 타 죽었다. 이때 초나라 군대는

破 깨트릴 파   釜 가마 부   沈 가라앉힐 침   舟 배 주

제후들의 군대 가운데 으뜸이었다. 제후의 군사가 조나라를 구하러 와서 거록에 열 곳이 넘는 성벽 보루를 쌓았는데 감히 군사를 내보지 못했다. 초나라가 진나라를 공격할 때 제후의 장수들은 모두 성벽 보루에 선 채로 보고만 있었다. 그러나 초나라 군사는 한 명이 열 명을 당해내지 못하는 자가 없을 정도로 용맹스러웠으며, 초나라 군대의 고함치는 소리가 하늘을 진동시키니 제후들의 군사들 모두가 두려워하지 않은 자가 없었다.

진나라 군대를 무찌르고 난 후에 항우는 제후 군대의 장수들을 불러 군대의 문에 들어오게 하자 모두 다 무릎으로 걸으며 감히 고개를 들어 항우를 쳐다보지도 못하였다. 이때부터 항우는 비로소 제후 군대의 상장군이 되니 제후들이 모두 그의 휘하에 소속되었다.

간체자 破釜沉舟 발음 포 푸 천 저우 pò fŭ chén zhōu 편명 항우본기

| 해설 |

일체를 고려하지 않고 결심하는 것을 비유하는 말인데, 비장한 각오가 내포되어 있다. 원문에는 '침선파부증(沈船破釜甑)'으로 되어 있다. "배를 가라앉히고 솥과 시루를 깨뜨리다"라는 뜻이다. 이것은 사졸들에게 "죽음을 무릅쓰고 살아 돌아올 마음이 없음(必死無一還心)"을 보여주려고 하였기 때문이다. 『손자병법』「구지(九地)」에서 "돌아갈 배를 불태우고 가마솥을 깨뜨려서" 결사(決死)의 의지를 보이는 '분주파부(焚舟破釜)'와 같다.

거록 전투는 진나라 말경의 농민 반란 가운데 항우가 초나라 군대

를 이끌고 진나라 명장 장한과 왕리의 40만 대군과 싸워 중국 역사상 소수의 병력으로 대군을 무찌른 전쟁으로도 유명하다. 후반부에는 제후들과의 연합군을 이끌고 왕리의 군대를 완전히 몰살시켰다.

항우는 장한과 은허(殷墟)에서 7개월 동안 대치하고 있는데, 장한이 진나라 수도 함양으로 사마흔(司馬欣)을 보내 구원병을 요청하였으나 아무런 소식이 없자 사마흔이 장한에게 조언하길, 만약 장한이 공을 세우면 조고(趙高)가 받아들이지 않을 것이고 전쟁에 패하면 작전 실패의 책임을 물어 주살할 것이므로 차라리 투항하는 것이 낫다고 하였다. 장한은 진나라의 대세가 이미 끝났다고 여기고는 기원전 206년 7월에 20만 대군을 이끌고 항우에게 투항하였다. 이때부터 항우는 각각의 봉기 군을 통제할 수 있는 지휘권을 확보하였으며 진나라의 주력군을 소탕하여 명실상부하였다.

거록 전투의 승리는 장수와 병사가 하나가 된 완전한 승리였다. 진나라 장수 장한이 황하를 건너 조나라 왕을 공격하였다. 조왕과 그의 책사 장이(張耳)와 진여(陳餘)가 거록으로 퇴각하였다. 장한이 부장 왕리를 파견하여 거록을 포위하게 하고 자신은 거록의 남쪽에 군대를 주둔하고 왕리에게 군량을 공급하였다. 조왕은 초나라 회왕과 옛 6국의 귀족들에게 구원을 청하였다. 초회왕이 송의, 항우와 범증에게 북상하여 조나라를 구원하게 하였다.

겁쟁이며 이기적이고 이율배반적인 상장군 송의를 죽인 후 위세를 떨친 항우는 거록에 도착하여 진나라와 전투를 벌였는데 제후의 병사로 거록을 구하러 온 사람이 구축한 진영이 열 곳이 넘었으나 감히 군대를 내보내지 못하였다. 초나라가 진나라를 칠 때 여러 장수는 모두 성벽 보루에 서서 그냥 보고만 있었다. 그러나 초나라 병사들은 한 사

람이 열 사람을 맞서지 않는 자가 없었다. 또 초나라 병사의 함성이
하늘을 진동하여 제후의 군사들 모두가 두려워하였다.

항우와 유방의 진나라 도성 함양 진격노선

기원전 208년 9월 관동(關東)에 반란이 일어난 지 2년이 되자 진나
라 대장 장한(章邯)이 주력군 30만 대군을 이끌고 조(趙)나라를 대파
하고 한단(邯鄲)을 점령하였다. 조왕 헐(歇)과 장이(張耳)가 잔여 부대
를 이끌고 거록(巨鹿)으로 퇴각하자, 진나라 군대가 거록에 맹공을 가
했다. 조왕이 천하의 제후들에게 구원을 청하자 11월에 연나라와 제
나라 군대가 20만을 파견하여 거록을 증원하였다. 그러나 연과 제의
지원군은 진군의 예봉을 꺾지 못했다. 12월에 항우가 초국의 구원군
을 이끌고 거록을 향했다. 장수(漳水)를 건넌 '파부침주'의 두려움을
모르는 용맹한 서초(西楚)의 자제 병사들은 진군을 향해 진격하였다.
3일 동안 초군의 공격으로 진나라 대장 왕리(王離), 부장 소각(蘇角)이
피살되는 등 진나라 군대는 엄중한 타격을 받았고 이후로 항우는 연합

군 사령관으로 추대되어 제후 연합군 40만 대군을 지휘하게 되었다. 극원(棘原)에서부터 원수(洹水)까지 진군은 연전연패하였다. 진군을 3분의 1로 감소하였고 진군의 남하행 퇴로도 연합군에게 철저하게 차단되었다.

기원전 207년 7월, 원수의 남쪽, 은허(殷墟) 북쪽에서 진군 장수 한단과 사마흔(司馬欣)의 퇴로가 막힌 잔여 부대 20만 명이 항우가 이끄는 연합군에게 투항하였다. 진군에 원한이 깊은 초군과 제후군은 항복한 진군을 생매장하였다. 진나라의 6국 정벌 때 장평(長平)에서 조(趙)나라 군대 40만 명이 진군에게 생매장당했던 치욕을 다시 갚아준 셈이다.

기원전 206년 10월, 유방은 남하하여 남양(南陽)을 점령하고 무관(武關)을 넘어 함양을 압박하자 진왕 자영이 유방에게 항복하였다. 11월에 항우는 함곡관을 지나 관중으로 진입하였다. 진나라에 원한이 깊은 항우는 함양에 들어가 잔인한 살육과 방화를 저질렀다.

22

항장이 칼춤을 추는데
의도는 패공을 해치는데 있다

항장무검(項莊舞劍)
의재패공(意在沛公)

홍문연(鴻門宴)에서 장량이 번쾌에게 한 말

항우는 진나라 땅을 공격하여 빼앗으려고 하였다. 함곡관에 도달하여도 관문을 지키는 병사가 있어서 관내로 들어갈 수 없었다. 유방이 이미 함양을 함락시켰다는 소식을 듣자 크게 화가 나서 당양군 경포에게 함곡관을 공격하도록 하였다. 항우가 기원전 206년에 함곡관을 격파하고 마침내 함곡관 안으로 들어가 희수(戱水) 서쪽에 도달하여 홍문(鴻門)에 군대를 주둔시켰다. 이때 유방은 패상(霸上)에 주둔하고 있어 항우와 아직 서로 만나지 못하고 있었다.

유방의 좌사마(左司馬) 조무상(曹無傷)이 사람을 시켜서 항우에게 말하였다.

"패공이 관중의 왕이 되고, 진나라 왕 자영(子嬰)을 재상으로 삼아 진귀한 보물을 모두 다 차지하려고 합니다."

項 성씨 항　莊 장중할 장　舞 춤출 무　劍 칼 검
意 뜻 의　在 있을 재　沛 지명 패　公 높일 공

이에 항우가 크게 화를 내며 유방의 군대를 격파하겠다고 말했다.

항우의 병사는 40만 명으로 신풍(新豐) 홍문에 있었고, 유방의 군사는 10만으로 패상에 있었다.

범증이 항우에게 권하였다.

"유방이 산동에 있을 때는 재물을 탐내고 여자를 좋아했는데, 함곡관 안으로 들어와서는 재물을 탐내거나 여자를 좋아하지도 않으니 이는 그의 뜻이 작은 것에 있지 않습니다. 사람을 시켜 그의 기운을 살펴보게 하였는데 용과 호랑이의 기세여서 다섯 빛깔을 이루었으니 이것은 천자의 기운입니다. 급히 공격하시어 기회를 놓치지 마십시오."

초나라의 좌윤(左尹) 항백(項伯)은 항우의 작은아버지로 평소에 유후(留侯) 장량(張良)과 친하였다. 장량은 이때 유방을 따르고 있었다. 이에 항백은 밤에 유방의 군영으로 달려가서 은밀히 장량을 만나 상황을 상세히 알리고 함께 가자고 하였다.

"패공을 따라서 함께 죽지 마시오."

그러자 장량이 말하였다.

"패공이 위태롭다고 도망하는 것은 의롭지 못합니다."

장량이 즉시 가서 유방을 만나 항백을 만난 것을 모두 아뢰었다.

이에 유방이 매우 놀라 말했다.

"어찌해야 하나?"

"누가 이런 계책을 대왕에게 냈습니까?"

"어떤 서생이 함곡관을 막고 제후들을 안으로 들여보내지 않으면 진나라 땅에서 왕 노릇을 할 수 있다고 말했기 때문에 그대로 따랐소."

"대왕의 병졸이 항왕을 당해낼 수 있다고 예상하십니까?"

"물론 그렇지 않소. 그러면 어찌해야 하오?"

"청컨대 가서 항백에게 패공은 감히 항왕을 배반하지 않는다고 말하십시오."

"공은 어떻게 항백을 알게 되었나?"

"신이 진나라에 있을 때 저와 함께 놀다가 항백이 사람을 죽여 신이 그를 살려준 적이 있습니다. 지금 일이 급해서 다행히 제게 와서 알려준 것입니다."

"두 사람 중 누가 연장자요?"

"항백이 저보다 많습니다."

"그대가 나를 위해 그를 불러들인다면, 내가 그를 형님으로 모실 것이오."

이에 장량이 나가서 항백을 불러들이니, 항백은 즉시 들어와서 패공을 알현하였다.

유방은 술잔을 들어 축수하고 사돈을 맺기로 약속을 한 다음 말하였다.

"나는 관내에 들어온 뒤로 털끝 하나 작은 물건도 감히 가까이하지 않고 관리와 백성들 모두를 호적에 등기하였으며 궁중의 창고를 봉인하고 항장군을 기다리고 있었소. 장수를 파견하여 함곡관을 지키게 한 것은 도적들이 출입하거나 비상상태에 대비하기 위해서였소. 밤낮으로 장군이 오시기만을 바라고 있었는데, 어찌 감히 반역하겠소? 그대가 항왕에게 내가 감히 배은망덕하지 않다는 것을 상세히 말씀해주시오."

그러자 항백이 허락하며 패공에게 말하였다.

"내일 아침 일찍 직접 와서 항왕께 사죄하지 않으면 안 될 것입니다."

유방이 그렇게 하겠다고 말하자, 항백은 다시 밤에 떠나 군영에 도착하여 유방의 말을 모두 항우에게 보고했다.

"패공이 먼저 관중을 격파하지 않았다면 공께서 어찌 감히 관중에 들어오실 수 있었겠습니까? 지금 큰 공을 세웠는데 그를 공격하면 의롭지 못하오니 그를 잘 대우해주는 것만 못합니다."

이튿날 아침 패공이 기병을 백여 명 거느리고 항왕을 만나러 와서는 홍문에 이르러 사죄하며 말하였다.

"신은 장군과 힘을 합쳐 함께 있는 힘을 다하여 진나라를 공격하는데 장군은 하북, 신은 하남에서 싸웠습니다. 그러나 본의 아니게 먼저 관중에 들어와 진나라를 무찌르고 이곳에서 다시 장군을 뵐 수 있었습니다. 지금 소인배의 참언 때문에 장군과 신 사이에 틈이 생겼습니다."

이에 항왕이 말하였다.

"이는 패공의 좌사마 조무상이 말한 것이오. 그렇지 않다면 내가 무엇 때문에 이렇겠소?"

항왕은 그날 함께 술을 마시기 위해 패공을 머무르게 하였다.

항왕과 항백은 동쪽을 향해서 앉고 아부(亞父) 범증은 남쪽을 향해서 앉았다. 한편 유방은 북쪽을 향해서 앉고 장량은 서쪽을 향해서 배석하였다. 범증이 항왕에게 여러 차례 눈짓하며 허리에 차고 있던 옥의 고리를 들어서 유방을 죽이라고 세 차례나 암시하였으나, 항왕은 아무 반응이 없었다. 이에 범증이 일어나서 밖으로 나와 항우의 사촌 동생 항장(項莊)을 불러서 말하였다.

"항왕의 사람됨이 모질지 못하니, 그대는 들어가서 앞에서 축수를 올리고 축수를 마친 뒤에 칼춤을 추겠다고 청한 뒤에 기회를 엿보아서 앉은 자리에서 패공을 쳐 죽여라. 그렇지 않으면 너희들 모두 장차 패공의 포로가 될 것이다."

그러자 항장이 즉시 들어가서 축수를 올리고 축수가 끝난 뒤 말하였다.

"군왕과 패공 두 분이 술을 드시는데 군중에 흥겨운 것이 없으니 취

흥을 돋우기 위해 칼춤을 출 것을 청하옵나이다."

항우가 허락하자, 항장은 칼을 뽑아서 춤을 추자, 항백 역시 검을 뽑아 들고 일어나서 춤을 추며 몸으로 유방을 도와 가려주니 항장이 유방을 공격할 수가 없었다. 이때 장량이 군영 문을 나와서 번쾌(樊噲)를 만났다.

번쾌가 말하였다.

"지금 상황이 어떻습니까?"

장량이 말하였다.

"아주 위급하오. 지금 항장이 검을 뽑아 춤을 추는데 그 의도는 오로지 패공을 해치는 데에 있소."

번쾌가 말하였다.

"신이 들어가서 패공과 함께 생사를 같이하겠소."

간체자	项庄舞剑, 意在沛公
발음	샹 좡 우 젠(Xiàng Zhuāng wǔ jiàn)
	이 짜이 페이 궁(yì zài Pèi Gōng)
편명	항우본기

| 해설 |

송대 구양수(歐陽脩)가 「취옹정기(醉翁亭记)」에서 "이 늙은이의 뜻은 술에 있는 것이 아니라 산수에 있다(醉翁之意不在酒, 在乎山水之间也)"라고 읊어 진정한 취옹 구양수의 뜻은 술 그 자체보다는 산수 자연의 경치를 감상하는데 있었다. 항장이 칼춤을 추는 것은 단지 춤을 추기 위해서가 아니라 패공 유방을 죽이는데 있다는 뜻이다. 후에는

본래의 뜻이 다른 데에 있음을 비유하는데 사용하게 되었다.

「본기」 가운데 가장 생동감이 넘치는 표현으로 유명한 구절이다. 간웅(奸雄) 조조(曹操)처럼 패권을 위해 비인간적인 비열함이 부족하여 모질지 못하고 명분에 집착하는 항우, 천하를 차지할 기회를 놓치지 말라고 다그치고 실패했을 때는 가차 없이 질책하는 범증, 정확한 상황판단으로 위기를 극복하는 장량, 위기를 용맹함으로 대처하는 번쾌의 성격 묘사는 인물들 상호 대비를 이루며 극적인 효과를 얻고 있다.

사드 배치에 대해 중국 외교부장이 이 성어를 인용하면서 반대하였다.

'아부'란 아버지에 버금가는 사람 대한 존칭인데, 범증은 고향에서 은거하다가 그의 나이 70세 때 하산하여 항우의 모사가 되었는데 항우가 그를 자신의 부친 다음으로 존경하였다.

홍문연 자리배치도

존귀한 사람은 동향으로 앉는 것이 예법인데, 홍문연에서 항우와 항백이 동향으로 앉았고, 항우가 아부(亞父)로 존경하는 범증이 남쪽을 향해 앉았다. 항백의 지위가 항우와 같은 것은 항백이 항우의 숙부이기 때문에 존중의 뜻이다. 초회왕이 함양에 먼저 들어가는 자에게 관중왕

(關中王)에 임명하겠다고 하였는데, 진나라 정벌 과정에서 항우는 고전을 겪었고, 유방은 고전을 겪지 않아 항우보다 먼저 입관(入關)하였다. 약정에 의하면, 유방이 군대를 파견하여 함곡관을 막아도 그 이유가 진나라의 잔여 부대가 진입하는 것을 막기 위해서였다면 할 말이 없이 이치에 맞아 제후의 입관조차 거절해도 비난할 수는 없어도, 항우가 군대를 파견하여 함곡관을 공격하는 것은 이치에 어긋나는 행동으로 간주하는데 이런 행위는 같은 편을 공격하는 것이기 때문이다. 먼저 함양에 들어가 차지한 유방이 기득권을 양보한 상태에서 항우를 만난 것인데 항우가 남을 용서하지 않고 유방을 죽인다면 의롭지 못한 행위로 간주한 제후들이 반대할 가능성이 있었다. 항우가 입관한 군대가 40만이지만 대다수가 제후의 군대이고 자신의 군대는 많지 않았다. 일단 제후들이 항우를 의심하고 두려워하여 유방과 연합하고 항우에 대항하면 쌍방의 병력은 역전될 것이다. 게다가 유방은 관중의 민심을 얻었고 항우는 얼마 전에 신안에서 진나라 항복한 군사 20만을 생매장했기 때문에 관중 백성들의 원한을 샀으므로 항우가 만약 관중에서 유방과 제후의 군대를 상대로 동시에 전쟁을 벌인다면 지역민들의 지지를 받을 수 없고 주동적으로 행동할 수 없었다. 그래서 항우는 유방을 공격하지 않았고 먼저 제후들을 안심시키고 위로할 필요가 있었다. 또 다른 한편으로는 장량의 친구 항백이 장량을 찾아가서 유방을 떠나라고 간했어도 장량은 이를 거절하고 이 사실을 알게 된 유방이 항백을 존중하는 태도를 보여 항우가 유방을 공격할 구실조차 없게 되었다.

유방의 부하 조무상이 항우에게 유방을 모함하자 항우가 화를 내며 유방을 치겠다고 벼르고 있는데 유방이 곧바로 장량의 계책으로 항우에게 사죄하였다. 만약 유방이 사죄하지 않았다면 항우가 40만 대군을 이끌고 패상에 있던 유방의 10만 군대를 쳐부수었을 것으로 예상한다.

　유방이 주체적으로 몸을 낮추고 패배를 인정한 상황에서 피살된다면 제후들의 반대에 부딪힐 것이고 제후들의 지지를 받지 못한다면 자신의 병력으로만 유방과 대항하면 우위를 점할 수가 없고 작전 중에 반드시 제후도 막아내고 멀리 있는 후방 팽성에 있는 초회왕의 반격을 받으면 천하 쟁패에서 결정적인 승리를 놓치게 되며, 심지어 앞날이 막막해질 것으로 추산했을 것이다. 유방은 어떻든 죽일 수가 없었다. 다만 항우는 홍문연에서 유방을 겁먹게 하는 협박에는 성공했다. 유방은 너무나 놀라 거의 반죽음이 되어 기본적인 예의도 차리지 못하고 측간에 간다는 핑계로 항우에게 작별인사도 없이 패상의 자기 본영으로 도주해버렸다. 홍문연을 통해 항우는 유방에게 벌을 주고 도의적 주도권을 쥔 것은 확실하다. 게다가 항우는 진나라 정벌 중에 군계일학의 전공을 세워 제후들을 분봉하는 권한을 손아귀에 쥐었다. 항우는 스스로 서초패왕이라고 칭했고, 명의상 진나라 정벌의 우두머리였던 초회왕을 의제(義帝)로 받들면서 제후들을 분봉하기 시작했다. 항우는 우선 유방이 반역할 마음을 품고 있다는 핑계로 중원에서 멀고 편벽한 구석진 파촉(巴蜀)에 봉하였다. 망한 진나라 장수 장한, 사마흔과 동예(董翳)를 관중을 나누어 봉하고 동산재기(東山再起)하지 못하게 하는 한편 한중의 유방을 감시하도록 하였다. 항우는 또 초회왕이 통치하던 땅을 넷으로 나누어 자신이 팽성에 도읍을 정하고 동시에 항씨와의 친소 관계를 고려하여 제후들을 전략적 위치가 서로 다른 지역에 분봉하여 자신의 우두머리 지위를 확보하였다. 분봉을 끝낸 뒤에 항우는 또 동쪽으로 팽성에 간 다음 구강왕 경포을 시켜 의제를 죽이도록 하였다. 최종적으로 자신의 패업이 크게 성공하였음을 알렸다.

23

머리카락은 위로 곤두서고 눈초리는 찢어지다

발지자열(髮指眦裂)

번쾌가 항우를 노려보며 화가 몹시 난 모습

번쾌는 즉시 칼을 차고 방패를 들고는 군영 문으로 들어갔다. 창을 교차시켜 문을 지키는 호위병들이 막으며 들여보내려 하지 않자, 번쾌가 방패를 비껴치니 호위병들이 땅에 엎어졌다. 번쾌가 군영 안으로 들어가서 장막을 걷어 올리고 서쪽을 향해 서서 눈을 부릅뜨고 항왕을 노려보았는데, 이때 <u>머리카락은 위로 곤두서고 눈초리는 찢어져 있었다.</u>

간체자 髮指眦裂 **발음** 파 즈 쯔 레 fà zhǐ zì liè **편명** 항우본기

| 해설 |

몹시 화가 난 모습을 형용하는 말이다.

번쾌(기원전 242~기원전 189년)는 유방과 동향으로 개백정 출신으로 대장군이 되어 유방을 따르며 진나라와 초나라 군대를 무찌르는 데 앞장을 섰고 한나라 건국의 일등공신이었으며 유방과 여후의 신임이 두터웠다. 특히 이 홍문연에서 용맹한 행동으로 대처하여 장량과 함께 위기에서 유방을 구하였다.

髮 터럭 발 指 가리킬 지 眦 흘겨볼 자 裂 찢어질 열

24

말술과 돼지 다리

두주체견(斗酒彘肩)

번쾌가 장막 안으로 뛰어 들어가자 항우가 그에게 준 음식

항왕이 검을 만지며 무릎을 꿇어앉고 번쾌에게 물었다.

"그대는 무엇을 하는 자인가?"

장량이 대답했다.

"패공의 수레 호위병 번쾌라는 자입니다."

항왕이 말했다.

"장사로다. 그에게 술 한 잔을 내리라."

즉시 큰 잔에 술이 부어졌는데, 번쾌는 감사의 절을 하고 일어나 선 채로 마셔버렸다.

그러자 항왕이 말하였다.

"그에게 돼지 다리를 주어라."

즉시 방패를 땅에 놓고 익히지 않은 돼지 앞다리를 방패 위에 올려 놓고 검을 뽑아서 잘라서 먹었다.

간체자 斗酒彘肩 **발음** 더우 쥬 즈 젠 dǒu jiǔ zhì jiān **편명** 항우본기

| 해설 |

영웅호걸의 호탕한 기세를 형용하는 말이다.

斗 말 두   酒 술 주   彘 돼지 체   肩 어깨 견

25

힘들여 애써 수고하여 큰 공을 세우다
노고공고(勞苦功高)
번쾌가 항우에게 유방을 변호하며 한 말

항우가 번쾌에게 말했다.

"장사로다. 더 마실 수 있겠는가?"

번쾌가 말했다.

"신은 죽음도 피하지 않는 사람인데 술 한 잔을 어찌 사양하겠습니까? 회왕이 여러 장수에게 약속하길 먼저 진나라를 격파하고 함양에 들어가는 자에게 왕 자리를 주겠다고 하셨는데 지금 패공께서 먼저 진나라를 무찌르고 함양에 들어갔어도 털끝처럼 작은 물건이라도 감히 취하지 않았고, 궁궐 문을 굳게 잠그고는 다시 군대를 이끌고 패상으로 돌아와서 주둔시키고 대왕께서 오시기만을 기다리고 있었습니다. 그래서 함곡관에 장수를 파견하여 도적이 출입하거나 비상상태를 대비하였던 것입니다. 힘들여 애써 수고하여 큰 공을 세웠는데도 상을 내리시지 못할망정 천한 사람의 말을 들으시고 공이 있는 사람을 죽이려고 하시니, 이는 멸망한 진나라의 전철을 밟는 꼴이 될 뿐입니다.

勞 수고할 로   苦 고생할 고   功 공 공   高 높을 고

저 혼자 생각에 대왕께서는 그 같은 일을 하지 않으시는 것이 옳을 듯 합니다."

항왕은 아무 반응이 없다가 번쾌에게 앉으라고 말하니, 번쾌는 장량을 따라서 자리에 앉았다. 번쾌가 앉은 지 얼마 후에 패공이 일어나서 측간을 가면서 번쾌를 밖으로 불러냈다.

간체자 劳苦功高 **발음** 라오 쿠 궁 가오 láo kǔ gōng gāo **편명** 항우본기

| 해설 |

있는 힘을 다하여 커다란 공적을 세우는 것을 뜻한다.

유방이 진나라 군대를 무찌르는 데 공을 세웠는데도 항우가 유방을 죽이려고 한다고 번쾌가 유방을 위해 항우에게 항변하는 용맹함을 나타냈다.

26

저들은 칼과 도마가 되고
우리는 그 위에 놓인 물고기 신세가 되다

인위도조(人爲刀俎)

아위어육(我爲鱼肉)

번쾌가 유방에게 자신들이 처한 위기에 대해 한 말

패공이 나간 뒤 항왕은 도위(都尉) 진평(陳平)에게 유방을 불러오게 하였다.

패공이 번쾌에게 말하였다.

"막 나오는데 하직 인사도 하지 않았으니 어떠하면 좋겠소?"

번쾌가 말하였다.

"큰일을 할 때는 자질구레한 예절은 신경 쓰지 않는 법이고, 큰 예절을 행할 때는 자신에게 작은 이로움도 사양하지 않는 것입니다. 그런데 지금 저들은 칼과 도마가 되고, 우리는 그 위에 놓인 물고기 신세가 된 이 지경에 무슨 인사말을 하시려고 합니까?"

그러자 유방은 마침내 그곳을 떠나며, 장량에게 남아서 항우에게 사

人 사람 인　爲 될 위　刀 칼 도　俎 도마 조
我 나 아　爲 될 위　魚 물고기 어　肉 고기 육

죄하도록 하였다.

장량이 물었다.

"대왕께서 오늘 여기에 오시면서 무엇을 가지고 오셨습니까?"

"흰 벽옥 한 쌍은 항왕에게 바치고, 옥두(玉斗) 한 쌍은 아부(亞父)에게 주려고 했는데 마침 화가 나 있어서 바치질 못했소. 공이 나 대신 바쳐주시오."

장량이 그렇게 하겠다고 말했다.

당시에 항우의 군대는 홍문 아래에 있었고, 유방의 군대는 패상에 있어 서로 40리 정도 떨어져 있었다. 유방은 거기병(車騎兵)을 배치해놓고 몸을 위기에서 빼내어 홀로 말을 타고 번쾌, 하후영(夏侯嬰), 근강(靳强), 기신(紀信) 등이 검과 방패를 잡고 걸어서 함께 여산을 내려와 지양(芷陽)의 샛길로 갔다.

패공이 장량에게 말했다.

"이 길을 따라가면 우리 군영에 도달하기까지 불과 20리 정도이니 내가 군중에 도달할 것을 예측하고 시간에 맞춰 공은 돌아가 사의를 표하시오."

유방이 이미 가버린 뒤에 장량이 군영에 들어가서 항우에게 사죄하며 이렇게 말했다.

"패공께서 술기운을 이기지 못하여 하직 인사도 드릴 수가 없었습니다. 삼가 신에게 백벽(白璧) 한 쌍을 받들어 대왕께 재배하여 바치게 하고, 옥두(玉斗) 한 쌍은 대장군에게 재배하여 바치게 하였습니다."

항우가 말하였다.

"패공은 어디에 계신가?"

장량이 대답하였다.

"대왕께서 심히 질책하려는 마음이 있으시다는 것을 듣고 몸을 피해서 홀로 떠났는데 이미 군영에 도착했을 것입니다."

그러자 항우는 백벽을 받아서 자리 위에 올려놓았는데, 아부 범증은 옥두를 받아서 땅에 던져놓고 칼을 뽑아 내리쳐서 깨뜨리며 말하였다.

"에잇! 어린아이와는 함께 천하를 도모할 수 없다. 항왕의 천하를 빼앗을 자는 분명 패공일 것이며, 우리는 이제 그의 포로가 될 것이다."

유방은 군영에 도착하자마자 즉시 조무상을 베어 죽였다.

간체자	人为刀俎, 我为鱼肉
발음	런 웨이 다오 쭈 rén wéi dāo zǔ
	워 웨이 위 러우 wǒ wéi yú ròu
편명	항우본기

| 해설 |

칼과 도마는 죽이고 살리는 권한이 다른 사람의 손에 달려 있음을, 물고기는 죽임을 당하는 신세에 비유하는 말이다.

유방이 '홍문연'에 간 것은 놀랍지만 위험한 것은 아니었다. 유방은 항우가 정치적인 경험이 부족한 것을 이용하여 위험한 곳에서 벗어나 수적 병력의 차이로 항우는 40만 대군이고 자신은 10만 명의 군대라는 불리한 상황에서 항우와의 결전을 피하고 실력을 숨길 수 있었다. 기회를 놓치지 않으려고 계략을 세워 유방을 죽이려고 했던 항우의 책사 범증이 유방이 도망친 후에 유방을 놓쳐서 오히려 훗날 유방의 포로가 될 것이라고 예견한 말에서도 알 수가 있다.

항우는 제왕이 될 절호의 기회를 잃어버린 셈이다. 책사 범증의 계략대로 실행에 옮겨 유방을 죽였다면 천하는 항우의 것이 되었을 것이다. 역사에는 만약이란 가정법은 소용없는 꿈이나 희망에 불과한 넋두리라고 하지만 역설적으로 결과에 기초한 아쉬운 반성이라는 것을 동서양 역사에서 많이 찾아볼 수 있다.

27

원숭이가 관을 쓰고 사람처럼 꾸미다

목후이관(沐猴而冠)

항우가 진나라 궁궐을 불태워버린 뒤에 귀향하자 누군가 한 말

며칠 후 항우는 군대를 이끌고 서쪽으로 가서 함양에서 사람들을 도륙하고 항복한 진나라 왕 자영(子嬰)을 죽였다. 또 진나라 궁전을 불태웠는데 3개월 동안 타고도 꺼지지 않았으며, 궁전의 재물과 부녀자들을 약탈하고 동쪽으로 갔다.

어떤 사람이 항우에게 유세하였다.

"관중(關中)은 사방이 산과 강으로 막혀 있고 땅도 비옥하니 도읍으로 삼으면 패왕(霸王)이 될 수 있습니다."

그러나 항우는 진나라 궁궐이 이미 모두 불에 타버렸고, 또 마음속으로 고향이 그리워서 동쪽으로 돌아가면서 말하였다.

"부귀한 뒤에도 고향에 돌아가지 않는 것은 비단옷을 입고 밤길을 가는 것과 같으니 누가 그것을 알아주겠는가?"

그러자 항우에게 유세했던 사람이 말하였다.

"사람들이 말하길 초나라 사람들은 <u>원숭이가 관을 쓴 것 같다고 하</u>

沐 머리감을 목　猴 원숭이 후　而 어조사 이　冠 관 관

더니, 과연 그렇구나."

항우가 그 말을 듣고는 유세객을 솥에 넣고 삶아 죽였다.

간체자 沐猴而冠　**발음** 무 허우 얼 관 mù hóu ér guàn　**편명** 항우본기

| 해설 |

겉은 그럴듯하니 훌륭하나 속과 행동은 엉터리라는 뜻으로 악한 세력에 빌붙어 부정한 수단으로 권력과 지위를 차지하는 사람을 풍자하여 비유하는 말이다.

'관(冠)'은 동사로 쓰여 중국어로는 성조가 4성 guàn이다. 머리에 쓰는 관이란 명사로 쓰이면 1성 guān이다.

'관중'이란 사방이 산으로 둘러싸인 사새(四塞)의 중심 지역을 말하는데 '사새'란 동쪽의 함곡관(函谷關), 남쪽의 무관(武關), 서쪽의 산관(散關), 북쪽의 소관(蕭關)을 말한다.

"비단옷을 입고 밤길을 가다"라는 말은 '의수야행(衣繡夜行)'이라고 하는데, '금의야행(錦衣夜行)'이라고도 한다. 밤에 아무리 귀한 옷을 입고 다녀도 사람들이 알아보지 못해 귀한 사람으로 알아주지 않는 것을 말한다. 수성(守成)보다 창업(創業)으로 얻어지는 개인의 명예를 더 중요시하는 항우의 단면을 남의 말을 통해 드러낸 표현이다.

28

국 한 그릇을 나누어 달라

분아배갱(分我杯羹)

항우가 유방의 부친을 삶아 죽이려고 하자 유방이 한 말

항왕이 사람을 보내 회왕에게 지시를 청하도록 했다.

회왕이 말했다.

"약속대로 하겠다."

항우는 회왕을 높여서 의제(義帝)라고 하였다. 항왕이 자립하여 왕
이 되려고 하여 여러 장상(將相)을 왕으로 삼고 말했다.

"천하에 처음 난이 일어났을 때 민심을 얻기 위해 초회왕의 후손들을
잠시 세워서 진나라를 정벌하려고 했다. 몸에 견고한 갑옷을 입고 손에
는 날카로운 무기를 잡고 먼저 큰일을 일으켜 들에서 노숙하며 3년 만
에 진나라를 멸망시키고 천하를 평정한 것은 모두 그대 장상들과 내 힘
덕분이었소. 의제께서 공을 세우지 못했으므로 그의 땅을 나누어서 왕
으로 삼겠소."

여러 장수가 좋다고 말했다.

천하를 나누어 여러 정수를 후(侯)와 왕으로 세웠다. 항우와 범증은

分 나눌 분   我 나 아   杯 잔 배   羹 국 갱

유방이 천하를 차지할 마음을 품고 있다고 의심했다. 그러나 이미 유방과 화해하였고 또 약조 어기는 것을 꺼렸으며, 만약 약조를 깨면 제후들이 배반할까 두려워서 은밀히 모의하였다.

"파(巴)와 촉(蜀)은 길이 험하고, 진나라에서 유배된 자들이 모두 촉에 살고 있다. 파와 촉 역시 관중의 땅이다."

그리고는 유방을 한왕(漢王)으로 세워서 파, 촉과 한중(漢中)의 왕으로 봉하고, 남정(南鄭)에 도읍하도록 하였다. 그리고는 관중을 셋으로 나누고 항복한 진나라 장수들을 왕으로 삼아 한왕을 견제하며 막도록 했다. 항왕은 장한(章邯)을 옹왕(雍王)으로 세우고 함양의 서쪽의 왕으로 봉하고 폐구(廢丘)에 도읍하게 했고, 장사(長史) 사마흔(司馬欣)은 원래 역양(櫟陽)의 옥연(獄掾)으로 일찍이 항량에게 덕을 베푼 적이 있었고, 도위(都尉) 동예(董翳)는 본래 장한을 설득하여 초나라에 투항하도록 했다. 그래서 사마흔을 새왕(塞王)으로 세우고 함양 동쪽에서 황하에 이르는 지역까지 왕으로 봉하고 역양에 도읍하도록 했으며, 동예를 적왕(翟王)으로 세우고 상군(上郡)의 왕으로 봉하고 고노(高奴)에 도읍하게 했다.

항우는 스스로 왕위에 올라 서초패왕(西楚霸王)이라고 하고, 팽성(彭城)에 도읍을 정했다.

한(漢) 원년(기원전 206년) 4월, 제후들이 희수(戲水) 아래에서 군대를 철수하여 각자 자신의 봉국(封國)으로 갔다. 항왕도 함곡관을 나와 자신의 봉국으로 가서는 사자를 보내어 의제를 옮기도록 하면서 말하였다.

"옛날 제왕들은 땅이 사방 4천 리나 되었는데 반드시 상류에 도읍했다."

그리고는 사자를 보내 의제를 장강의 상류에 위치한 장사(長沙)의 침현(郴縣)으로 옮기게 하고, 의제의 행차를 재촉하니 의제의 신하들이 점차 의제를 배반하고 의제 곁을 떠나갔다. 이에 몰래 형산왕(衡山王)과 임강왕(臨江王)을 시켜 장강 가운데에서 그를 죽이도록 하였다.

한왕 유방이 회군하여 삼진(三秦)을 평정하였다.

제나라와 조나라가 항왕을 배반하고 초나라를 공격하려고 하자 항왕이 구강왕(九江王) 경포에게 군대를 모으게 하였다. 경포는 병을 핑계로 나오지 않아 항왕은 이 때문에 그를 원망하게 되었다. 후에 경포는 항우를 배반하고 한왕에게 귀의하게 된다.

한 2년, 4월에 한나라 군대가 팽성에 들어가서 그곳의 재물과 미녀들을 차지하고 날마다 주연을 베풀었다. 이에 항왕이 서쪽으로 향해 소(蕭) 땅에서 새벽에 한나라 군대를 격파하고 동쪽으로 가서 팽성에 이르러 정오에 한나라 군대를 크게 무찔렀다. 한나라 병사들이 패주하자, 항왕이 한나라 군사를 추격하여 곡수(谷水)와 사수(泗水)에 진입하고 한나라 군사 10여만 명을 죽였다. 한나라 군사가 남쪽 산으로 달아났고 초나라 군사가 뒤를 쫓아 영벽(靈壁), 지금의 강소성 서주(徐州) 남쪽의 동쪽 수수(睢水)까지 도달하였다. 한나라 군대는 퇴각하다 초나라 군사에게 포위 공격을 당하여 많이 죽었는데 10여만 명이 수수에 빠져 강물이 흐르지 않을 정도였다.

한왕은 패현을 지나면서 가족들을 데리고 서쪽으로 가고자 하였는데, 초나라 군대도 사람을 보내 패현까지 추격하여 한왕의 가족을 사로잡게 했다. 한왕의 가족들은 모두 도망쳐서 한왕과 만날 수가 없었다. 한왕은 길에서 효혜(孝惠)와 노원공주(魯元公主)를 만나 이들을 수레에 태우고 갔다. 초나라 기병이 한왕을 쫓아오니 한왕은 다급하여 효혜와 노원공주를 수레 아래로 밀쳐 떨어뜨렸으나 등공(滕公) 하후영(夏侯嬰)이 매번 내려가서 안아서 수레에 태웠는데 이처럼 하기를 여러 차례나 하였다.

하후영이 말하였다.

"위급하여 말을 빨리 몰 수 없다고 하지만 어찌하여 자제분들을 버리려고 하십니까?"

마침내 기병들의 추격에서 벗어날 수 있었다.

한왕은 그의 부친 태공(太公)과 아내 여후(呂后)를 찾았으나 서로 만나지 못하였다. 심이기(審食其)가 태공과 여후를 따라 샛길로 가서 한왕을 찾다가 도리어 초나라 군사를 만났다. 초나라 군사가 데리고 돌아와서 항왕에게 보고하자 항왕은 그들을 군중에 두었다.

한 3년, 항왕이 여러 차례 한나라의 용도(甬道)를 침범하여 식량을 탈취하자 군량이 부족해진 한왕은 두려워서 항왕에게 강화를 청하고 형양(滎陽)의 서쪽을 나누어 한나라의 영토로 하였다.

항왕이 이에 응하려고 하자, 역양후(歷陽侯) 범증이 말하였다.

"한나라 군대는 아주 쉽게 패배시킬 수 있습니다. 그런데 지금 놓아주면 한나라를 소멸시키지 못할 것입니다. 나중에 반드시 후회할 것입니다."

항왕은 이에 범증과 함께 급히 형양을 포위하니, 한왕이 이를 걱정하여 범증과 항왕을 이간질하는 진평(陳平)의 계책을 썼다.

항왕의 사신이 오자, 한왕은 풍성한 주연을 준비하여 그에게 내놓으려다가 사신을 보고 거짓으로 놀란 척하며 말하였다.

"나는 아부의 사신인 줄 알았는데, 뜻밖에도 항왕의 사신인 줄은 몰랐네!"

그리고는 다시 가지고 들어가게 하고 형편없는 거친 음식을 가져와서 항왕의 사신을 대접하였다. 사신이 돌아와서 이를 항왕에게 보고하자, 항왕은 범증과 한나라가 내통하고 있는 줄로 의심하여 조금씩 범증의 권력을 빼앗기 시작했다.

범증이 크게 화를 내며 말하였다.

"천하의 대사가 정해졌습니다. 군왕께서 스스로 처리하시기 바랍니다. 고향에 묻힐 수 있도록 원래의 평민으로 돌아가게 해주십시오."

항왕이 이를 허락하였다. 그러나 그는 팽성에 도착하기도 전에 등에 종기가 나서 죽었다.

한왕은 형양(滎陽)을 나와 남쪽으로 가서 완현(宛縣), 엽현(葉縣)에 이르러 구강왕(九江王) 영포(英布)를 얻었고 병사들을 모아 다시 성고(成皐)로 들어가 성을 고수하였다.

한 4년, 항왕이 진군하여 성고성을 포위하자, 한왕은 도주하려고 등공 하우영과 함께 성고성의 북문을 나와 강을 건너 수무(脩武)로 달아나서 장이(張耳)와 한신(韓信)의 군대에 의탁하였다. 여러 장수가 점차 성고성을 나와 한왕을 따랐다. 초나라가 마침내 성고성을 빼앗고 서쪽으로 가려고 했으나 한나라가 군대를 보내 공(鞏)에서 저지하자 서쪽으로 가지 못했다.

팽월(彭越)이 황하를 건너 초나라 군대를 지금의 산동성 동아(東阿)에서 공격하였고 여러 차례 양(梁) 땅에서 모반을 일으켜서 초나라 군대의 군량을 끊어버리니, 항왕이 이를 근심하였다. 그리하여 항왕이 높은 도마를 준비하여 한왕 유방의 부친 태공을 그 위에 올려놓고 한왕에게 통고하였다.

"지금 빨리 투항하지 않으면 태공을 삶아 죽이겠다."

한왕이 전하여 말하였다.

"나와 그대는 신하로서 회왕의 명을 받고 형제가 되기로 약속했으니, 나의 아버지가 곧 그대의 아버지가 되므로 그대의 아버지를 꼭 삶겠다면 내게도 국 한 그릇을 나누어주기를 바란다."

그러자 항왕이 화가 나서 태공을 죽이려고 하니 항백이 말하였다.

"세상의 일은 예측할 수가 없는데, 하물며 천하를 다투는 자는 자기 집안을 돌보지 않는 법입니다. 한왕의 아버지를 죽인다고 도움 될 것이 없고, 그저 화(禍)만 더할 뿐입니다."

그러자 항왕이 태공을 놓아주었다.

간체자 分我杯羹 **발음** 펀 워 베이 겅 fēn wǒ bēi gēng **편명** 항우본기

| 해설 |

이익을 나누어 가짐을 비유하는 말이다.

항우는 관중의 왕이 되고자 하면서도 실패하였는데 그 과정을 살펴보면, 첫째는 홍문연에서 유방을 놓아주어 그를 죽이고 천하를 얻을 기회를 스스로 잃어버렸고, 둘째는 초회왕을 의제로 높이고 자신이 패

공 유방을 한중왕으로 삼아 한중이 있는 파촉도 중원의 일부 지역이라고 우기면서 억지로 생색을 내며 그를 중원에서 멀리 보내려고 하였다. 한신(韓信)은 이런 항우를 '부인지인(婦人之仁)'이라고 하였다. 즉 작은 일에는 신의를 지켜야 한다고 말하고 큰일에는 분명한 입장을 전혀 밝히지 않았으며 또한 귀에 거슬리는 충언은 듣지 않았기 때문이다. 당시 홍문연에서 항우가 유방을 죽이고 유방의 병사들을 자신의 군대에 귀속시킨 뒤에 천하를 평정했어도 누구 하나 감히 반대하지는 못하였을 것이다.

셋째는 항우가 여러 제후를 왕으로 봉하였는데 이것도 패착이었다. 봉국(封國)이 난립하면 반드시 겸병 전쟁이 발생한다는 것을 항우는 몰랐다. 게다가 항우는 주관이 독단적이어서 왕을 봉하는 일이 불공정했다. 이 때문에 기원전 206년 6월에 봉국의 왕들이 항우에 반기를 들자 항우는 정벌에 나섰고, 8월에 유방은 삼진(三秦)을 평정하여 초한(楚漢) 전쟁이 정식으로 폭발한 것이다. 넷째는 의제의 발상을 구실로 유방이 항우의 죄목을 열거하며 책망하였고 천하의 제후들을 불러 모아 함께 항우를 격퇴하기로 하였다. 유방의 정치적 공세는 제후들의 인심을 얻어 병사를 파견하여 항우를 공격하였다. 항우의 부하 경포 또한 항우가 군대를 파견하라는 명령을 듣지 않고 관망만 하였다 마침내 기원전 205년 2월, 유방은 제후 연합군 56만 명으로 초나라의 수도 팽성을 공격하여 천하를 이미 얻은 듯 궁궐의 미인과 보물을 취하고 연일 잔치를 열었다. 산동에 있던 항우의 팽성 공격으로 유방은 도주하였다. 이를 역사에서는 팽성 대첩이라고 한다.

유방이 하읍(下邑), 지금의 강소 탕산(碭山)에 도달하여 지구전을 펼쳤다. 유방이 항우를 성고성으로 유인하여 공격해도 함락하지 못하고 그렇다고 공격을 그만두고 후퇴할 수도 없는 지경에 빠뜨렸다. 장량의 계책으로 3명의 용맹한 장수를 기용하여 항우를 포위하는 전략을 썼다. 첫째는 한신이 하북을 소탕하여 산동으로 진입하고, 두 번째 팽월이 초나라의 후방을 유격 전술로 격파하는 것이며, 셋째는 세객(說客)을 회남에 파견하여 구강왕 경포를 투항시키는 것이었다. 마침내 항우는 최후를 맞는다.

사방에서 초나라 노래가 들려오다

사면초가(四面楚歌)

항우의 군대가 해하에 방어벽을 구축하였을 때 사방에서 들려온 것

초나라와 한나라는 오랫동안 대치만 하여 끝내 승부가 나지 않았다. 장정들은 정벌 전쟁으로 고통을 받았고 늙은이는 수륙 운송의 부역에 지쳤다.

항왕이 한왕에게 말했다.

"천하가 혼란에 빠져 불안하여 인심이 흉흉한지 여러 해가 지났다. 단지 우리 두 사람 때문이니 바라건대 한왕과 자웅을 겨루고 싶소. 헛되이 천하의 백성들이 고통을 받지 않게 합시다."

한왕이 웃으며 말했다.

"나는 지혜로 싸우지 힘으로는 싸우지 않소."

항왕이 장사를 시켜 나가 싸우도록 했다.

한나라 병사는 군량이 풍족했으나 항왕의 군대는 지치고 군량도 떨어졌다. 한나라가 육고(陸賈)를 보내 항왕을 설득해서 한왕의 부친 태

四 넉 사   面 낯, 방향 면   楚 나라이름 초   歌 노래 가

공을 돌려주길 요청했다. 항왕이 이에 응하지 않았다. 한왕이 다시 후공(侯公)을 보내 항왕을 설득해서 항왕이 한나라와 협상하여 천하를 둘로 나눈 후 홍구(鴻溝)의 서쪽을 한나라로 하고, 동쪽을 초나라가 차지하기로 정하자, 항왕은 태공을 풀어주기로 허락하고 한왕의 부모와 처자식을 돌려보냈다. 군사들이 만세를 불렀다. 한왕이 후공을 평국군(平國君)에 봉하자 후공이 숨어버리고는 다시는 만나려고 하지 않았다.

한왕이 말했다.

"그는 천하의 변사다. 그가 머무는 곳은 나라가 기울 것이니 그 이름을 평국군이라고 했다."

항왕이 협약을 끝내자 군사를 거느리고 동쪽으로 갔다.

한왕이 서쪽으로 돌아가고자 하자, 장량과 진평이 다음과 같이 권하였다.

"한나라가 천하의 절반을 차지했고 제후들도 모두 귀의했습니다. 초나라 군사들은 지치고 군량도 떨어졌으니, 이는 하늘이 초나라를 망하게 하려는 것입니다. 이 기회를 틈타 초나라 군대를 빼앗는 것이 좋습니다. 지금 그를 놓아주면 소위 '호랑이를 길러 스스로 화를 남긴다'라는 것입니다."

이에 한왕이 그들의 말을 따르기로 하였다.

한 5년, 한왕이 항왕을 홍구의 남쪽 양하(陽夏), 지금의 하남성 주구(周口) 부근까지 추격하여 진을 쳤다. 회음후(淮陰侯) 한신, 건성후(建成侯) 팽월과 회합하여 초나라 군대를 공격하기로 약속하였다. 그러나 한신과 팽월의 군대가 오지 않았다. 한왕이 고릉(固陵)에 이르렀어도 한신과 팽월의 군대는 오지 않았다. 초나라가 한나라 군대를 공격하여 크게 무찌르니, 한왕은 다시 성루로 들어가서 참호를 깊게 파고 수비만 하였다.

한왕이 자방(子房)에게 물었다.

"제후들이 약속을 따르지 않으니 어찌해야 좋은가?"

장량이 이렇게 대답했다.

"초나라 군대가 장차 망하려고 하는데, 한신과 팽월은 아직 봉한 땅이 없으므로 그들이 오지 않는 것도 당연합니다. 군왕께서 천하를 그들과 함께 나눌 수만 있으시다면 지금이라도 그들을 오게 할 수 있습니다. 만약 그렇게 할 수 없다면 앞으로의 형세 진행이 어떻게 될지 예측할 수가 없습니다. 군왕이 진(陳)에서부터 동쪽으로 바닷가까지의 땅을 전부 한신에게 주고 수양(睢陽) 이북에서부터 곡성(谷城)까지를 팽월에게 봉지로 나누어 주시어 각자 자신을 위해서 싸우게 한다면 초나라를 무찌르는 것은 쉬운 일입니다."

이에 한왕은 좋다고 하였다. 한신과 팽월은 즉시 진군하여 양하 동쪽의 해하(垓下)에 모여 항왕을 향해서 진격하였다.

항왕의 군대는 해하에 성루를 쌓아 방어벽을 구축하고 있었는데, 군사는 적고 군량은 다 떨어졌으며, 한나라 군대와 제후의 군사에게 여러 겹으로 포위되어 있었다. 밤에 한나라 군사가 <u>사방에서 모두 초나라의 노래를 부르니</u> 항왕이 매우 놀라서 말했다.

"한나라 군사가 이미 초나라 땅을 모두 빼앗았단 말인가? 어찌하여 초나라 사람이 어떻게 이렇게 많은가?"

항왕은 한밤중에 일어나서 장막 안에서 술을 마셨다.

간체자 四面楚歌 **발음** 쓰 몐 추 거 sì miàn chǔ gē **편명** 항우본기

사방이 모두 적으로 둘러싸여 아무 도움도 받을 수 없는 상태를 말한다.

양하는 진나라 말경 진섭과 함께 농민 봉기를 주도한 오광(吳光)의 고향이다. 그리고 양하는 모든 전략가가 탐내는 요충지여서 항왕과 한왕은 여기를 차지하기 위해 일진일퇴를 거듭했다.

왕릉(王陵)은 한왕 유방의 고향 패현의 호족이었다. 유방이 군사를 일으켜 함양을 점령하였을 때 왕릉은 남양(南陽)을 점거하고 유방을 따르지 않았다. 한왕이 항왕과 싸울 때, 왕릉의 모친은 항우의 진영에서 왕릉이 초나라와 연합하여 한나라를 치라는 항왕의 부탁에도 불구하고 왕릉을 한왕에게 귀순시키기 위해 자결하였다. 항왕이 크게 화를 내며 왕릉의 모친을 삶아 죽였다. 그러자 왕릉이 한왕에게 귀순하였고, 고조 6년(기원전 201년) 8월에 안국후(安國侯)에 봉해졌다. 혜제(惠帝) 6년에 재상 조참(曹參)이 죽은 후에 왕릉이 좌승상(左丞相)이 되었고 진평이 우승상(右丞相)이 되었다. 여후(呂后) 원년(기원전 187년)에 재상의 실권을 빼앗기자 화가 나서 사직하고 낙향하여 두문불출하였다가 여후 8년(기원전 180년)에 세상을 떠났다.

유방이 항우와 싸울 때 사용한 병법은 세 가지였다. 첫째, '조호리산(調虎離山)'의 계책을 사용하였다. '조(調)'는 불러낸다는 뜻으로, 호랑이를 유인하여 끌어내어 산을 떠나게 한다는 말인데 유리한 장소나 진로부터 적을 유인해내어 그 허점을 이용하여 공격하는 병법 중의 하나이다. 기원전 204년 4월부터 9월까지 항우와 유방 양군은 격전을 벌였다. 항우는 범증의 전략대로 형양(滎陽)을 맹렬히 공격하였다. 성고

성까지 공격하자 유방은 '조호리산' 계책을 사용했다. 유방은 남쪽으로 도주하여 항우가 추격하도록 유인한 다음 회군하여 성고를 탈환하였다. 6월에 항우가 다시 성고성을 공격하자 유방은 하북(河北)으로 도망하여 한신의 군대를 빼앗은 후에 팽월에게 명하여 초나라 군대의 후방을 치게 하였다. 항우가 회군하여 후방부대를 구원하러 가자 유방이 하북의 군대로 다시 형양과 성고성을 수복하였다. 항우가 회군하자 초나라와 한나라 군대는 형양의 광무산(廣武山)에서 대치하였다.

둘째는 이간계(離間計)다. 서로 같은 편끼리 서로 사이를 벌어지게 하여 이득을 취하는 전략을 말한다. 항우가 성고성을 압박하는 절박한 상황에서 유방이 사용하였다. 진평(陳平)의 계책으로 항우의 책사 범증과 종리매(鍾離眛)는 공이 있는데도 후작을 얻지 못하여 한왕 유방에게 귀의하려고 한다는 유언비어를 미리 날조해놓은 상태였다.

항우가 한나라 군대에 사신을 파견하니 유방이 연회를 베풀고 일부러 항우가 파견한 사신을 만나고 놀란 척하며 항우가 파견한 사신으로 착각하고 형편없는 음식을 다시 내놓았다. 항우의 사신이 의심하고 귀대한 후에 항우에게 이 사실을 말하여 범증과 종리매가 유방과 내통한 것으로 의심하였다. 항우는 병법을 완벽하게 익히지 못한 과거의 학업 부진으로 유방의 계략을 꿰뚫지 못하였다. 항우는 제대로 살펴보지도 않고 측근의 조언을 듣지도 않아 결국 범증은 항우를 떠났고 종리매는 병권을 잃었다. 마침내 항우 곁에는 책략을 짜는 신하가 없게 되고 훌륭한 장수도 없게 되었으며 단지 자신의 혈기왕성한 용맹만 믿었고 고집불통으로 남의 의견을 듣지도 않아 계속 적의 속임수에 넘어가고 승리를 패배로 만들었다.

반간계(反間計)는 역간첩을 사용하여 적의 내부를 교란하는 병법이다. 오나라의 손권은, 조조 부하 중에 수전에 능한 장수 채모(蔡瑁)와 장윤(張允)이 있는 것이 가장 큰 걱정거리였다. 이 두 사람만 제거하면 적벽싸움은 승리가 확실했다. 조조의 모사(謀士) 장간(蔣干)은 오나라의 장수 주유(周瑜)와 교분이 있었다. 조조는 이를 이용하여, 장간이 친구 주유를 방문하는 것처럼 해서 오나라의 실정을 정탐해 오도록 하였다. 장간이 온다는 소식을 듣고 주유는, 채모와 장윤의 필적을 모방해서 두 사람이 자기에게 내통하는 편지를 위조하여 책 속에 꽂아놓고 장간을 만날 때 식탁 위에 그 책을 놓아두었다. 주유는 옛날 친구 장간을 극진하게 맞이하였다. 주유가 먼저 술에 취해 식탁에 엎드려 잤다. 그때 장간의 눈에 들어온 것은 책장의 편지였는데 수군 도독 채모와 장윤이 주유와 내통하는 내용이었다. 장간은 그 길로 바로 달려와 조조에게 그 편지를 바쳤다. 자신의 부하가 적과 내통하고 있었던 것에 분개하여 바로 끌어내어 목을 쳤다.

셋째는 완병지계(緩兵之計)이다. 시간을 지연시키는 책략으로 불리한 상황일 때 적의 공격을 늦추어 한숨을 돌리고 여유를 갖고 대책을 마련하거나 반격을 가하려는 병법을 말한다. 기원전 202년 11월, 항우는 또 유방의 '완병지계'에 걸려들어 조약을 맺고 홍구를 경계선으로 천하를 동서로 나누었다. 항우와 유방이 광무산에서 대치하고 있을 때, 팽월과 한신은 꿈적도 하지 않고 군대를 관망했다. 항우가 군대를 이끌고 동쪽으로 움직이니 유방이 한신, 팽월에게 명하여 항우를 공격하라고 하였다. 두 장수는 항우를 사면에서 포위하니 항우는 동쪽으로 도주하였는데 그의 군대는 10만의 군사였고 군량이 부족하였으며 이미 고립된 상태였다. 유방의 군대는 여러 장수와 함께 항우를 포위하며 계속 시간을 끌었다. 기원전 202년 12월, 항우가 이끄는 10만 군사는 한신이 지휘하는 30여만 명의 대군에 해하(垓下), 지금의 안휘 영벽(靈壁) 부근에서 포위되고 말았다.

'홍구'라는 말은 지역의 명칭이었으나 이후에는 경계가 분명한 경우에 사용되어 영역이나 국경의 경계선 혹은 명확한 차이나 한계를 비유하는 말이 되었다.

31

패왕이 우미인과 이별하다

패왕별희(覇王別姬)

해하에 포위당한 항우의 애첩 우희와의 이별

패왕(覇王) 항우에게는 우희(虞姬)라는 이름의 미인이 있었는데, 항상 총애를 받아 따랐다. 또 추(騅)라는 이름의 준마가 있었는데, 그는 항상 이 말을 타고 다녔다. 이에 항왕은 비분강개한 심정으로 슬픈 노래로 시를 지어 읊었다.

힘은 산을 뽑을 수 있고, 기개는 온 세상을 덮을만하건만
시운(時運)이 불리하여 애마 추 또한 나아가지 않는구나.
추가 나아가지 않으니 어찌해야만 하는가?
우여, 우여 그대를 어찌해야 좋단 말인가?

항왕이 여러 차례 노래 부르니 우미인(虞美人)도 따라서 불렀다. 항왕의 뺨에 몇 줄기 눈물이 흘러내리니 좌우가 모두 눈물을 흘리며 차마 머리를 들어 서로 쳐다보지 못하였다. 이때 항왕이 애마 추(騅)에 올라타니, 휘하 장수 중 말을 타고 따르는 자가 팔백여 명이 되었다.

覇 으뜸 패   王 왕 왕   別 이별할 별   姬 계집 희

그날 밤 그들은 포위를 뚫고 남쪽을 향해 달아났다.

간체자 霸王别姬 **발음** 바 왕 베 지 bà wáng bié jī **편명** 항우본기

| 해설 |

패왕 항우가 패하여 스스로 자신의 세력이 다한 것을 알았을 때 부득이하게 우미인은 자결하여 작별을 고하고 자신은 한나라 군대의 포위를 뚫고 나간 것을 말한다. 영웅의 비장한 자세를 나타내는 말로, 일반적으로 마음을 비우고 자리에서 물러날 때도 사용된다.

'발산'은 '역발산기개세(力拔山氣蓋世)' 즉 "힘은 산을 뽑을 수 있을 만큼 세고, 기개는 온 세상을 뒤덮을 만큼 드높다"라는 말에서 왔다. '강정(扛鼎)'의 '강(扛)'은 '거(擧)'와 뜻이 같아 '강정'이란 두 손으로 번쩍 솥을 들 정도로 힘이 세다는 뜻이다.

항우와 우희의 비극적인 말년의 고사를 경극 배우 두 남자의 사랑과 질투로 그려낸 1993년도에 제작된 첸카이거 감독의 홍콩영화로 제46회 칸영화제 황금종려상을 수상한 작품 『패왕별희(霸王别姬)』에서 배우 장궈룽(張國榮)이 항우 고사의 우희 역을 맡았는데 최고의 연기를 보여주었다. 장국영은 주윤발과 함께 『영웅본색』에 출연하여 세계적인 스타가 되었는데 양성애자였던 그는 모순균과 결혼하였다가 이혼하였고 당학덕이란 동성 연인이 있었다. 이 영화에서 장국영은 남자이면서 여자로 분장하는 연극배우 역할을 하였는데 남자주인공을 사랑하는 역할도 실제 삶과도 유사하였는데, 그는 우울증을 앓던 중 사스가 창궐하던 때인 2003년 4월 1일 만우절에 46세로 홍콩의 만다린 호텔 24층에서 투신자살하였다.

31

하늘이 나를 망하게 한다

천지망아(天之亡我)

한나라 군대에 쫓기는 항우가 기병들에게 한 말

　날이 밝자 한왕이 이 사실을 알고 관영에게 기병 5천을 이끌고 항왕을 추격하게 하였다. 항왕이 회수를 건넜을 때 그를 따라오는 기병이 백여 명에 불과하였다.

　항왕이 길을 잃어버려 한 농부에게 물으니 농부가 속여서 왼쪽으로 가라고 하여 왼쪽으로 가다가 큰 늪에 빠졌으므로 한나라 군대가 바짝 따라오게 되었다. 항왕이 이에 다시 동쪽으로 갔을 때는 겨우 기병 28명만이 남았고, 추격하는 한나라 군사는 수천 명이나 되었다. 항왕은 이제는 도저히 추격에서 벗어날 수가 없음을 깨달았다.

　항우가 기병들에게 말하였다.

　"지금 결국은 이곳에서 곤경에 빠졌으니, 이는 <u>하늘이 나를 망하게 하는</u> 것이지, 결코 내가 싸움을 잘못한 죄는 아니다. 오늘 죽기로 작정하고 적장을 베고 적군의 깃발을 빼앗아 싸움에서 진 것이 아님을 그대들에게 알리겠다."

天 하늘 천　之 갈, 어조사 지　亡 망할 망　我 나 아

그리고는 기병을 넷으로 나누어 사방으로 향하게 하고 나중에 다시 모이기로 하였다.

항왕은 동쪽으로 가서 오강(烏江), 지금의 안휘성 화현(和縣)에서 장강을 건너려고 하였다. 그런데 오강의 정장(亭長)이 배를 강 언덕에 정박시키고 기다리다가 항왕에게 말하였다.

"강동(江東)이 비록 작아도 땅이 사방 천 리이며, 백성들의 수가 수십만에 이르니, 그곳 또한 족히 왕을 할 만한 곳입니다. 대왕께서는 빨리 강을 건너시기 바랍니다. 지금 신에게만 배가 있어 한나라 군사가 이곳에 도착해도 강을 건너 수 없을 것입니다."

항왕이 웃으면서 말하였다.

"<u>하늘이 나를 망하게 하려는데</u>, 내가 건너서 무엇하겠소? 내가 지금 강동의 젊은이 8천 명과 함께 강을 건너 서쪽으로 갔었는데, 지금 한 사람도 돌아오지 못했소. 설사 강동의 형제 부모들이 불쌍히 여겨 왕으로 삼아준다고 해도 내가 무슨 면목으로 그들을 대할 수 있으며, 설사 그들이 아무 말도 하지 않는다 해도 내 양심에 부끄럽지 않겠는가?"

항왕은 정장에게 자신이 타던 말을 주고는 기병들에게 모두 말에서 내려 걷도록 하고 손에 짧은 무기만을 들고 싸움을 벌였다. 항우 혼자서 죽인 한나라 군사가 수백 명에 달했다. 항우도 몸에 10여 군데의 상처를 입었다.

항왕은 한나라 기사마(騎司馬) 여마동(呂馬童)을 돌아보며 말하였다.

"너는 전에 내 부하가 아니었느냐?"

여마동이 항왕을 바라보면서 왕예(王翳)에게 항왕을 가리키며 말하였다.

"이 사람이 항왕입니다."

그러자 항왕이 말하였다.

"내가 들으니 한왕이 나의 머리를 천금과 만 호의 읍으로 사려고 한다고 하니, 내 그대들에게 은혜를 베풀어주리라."

그리고는 스스로 목을 찔러서 죽었다. 그의 나이 겨우 31세였다. 왕예가 항왕의 머리를 가지고, 다른 기병들이 서로 짓밟으며 항우의 몸을 쟁탈하다가 서로 죽인 자가 수십 명이 되었다.

간체자 天之亡我　**발음** 톈 즈 왕 워 tiān zhī wáng wǒ　**편명** 항우본기

| 해설 |

잘못한 것이 없는데도 저절로 망하는 것을 뜻하는데, 자신의 잘못을 하늘에게 핑계를 대는 말이다.

패왕사(霸王祠)는 강소성 남경(南京) 남쪽 근교 안휘성(安徽省) 마안산(馬鞍山)시 장강 건너편의 화현(和縣) 북쪽의 오강진(烏江鎮)에 있는데 항정(項亭), 항왕정(項王亭), 초묘(楚廟), 항우묘(項羽廟)라고도 한다. 항우가 해하에서 사면초가의 위기를 뚫고 도주하여 계속 쫓기다가 기원전 202년 이곳에서 자결하였다. 당시에는 항우 몸에 현상금이 붙어 유방의 부하 장수들이 항우의 시체를 나눠 가졌기 때문에 이곳의 항우 묘는 항우의 잔해와 옷만 매장한 의관총이고, 후세 사람이 이곳에 정자를 세워 그를 제사 지내고 있다.

당나라 초에 항우 사당을 지어 상원(上元) 3년(762년) 서예가이자

대시인 이백이 말년을 의탁했던 이양빙(李陽氷)이 「서초패왕영사(西楚霸王靈祠)」라는 편액을 썼다. 회창(會昌) 원년(841년), 재상 이덕유(李德裕)가 「항왕정부병서(項王亭賦並序)」를 지어 "은나라 탕왕과 주무왕이 무력으로 정벌하는 사업을 벌일 때부터 후세의 영웅들은 항우보다 뛰어나지 못하였으니 항우가 이곳에서 칼을 품고 자결한 사실에 감동하고 부를 지어 그를 추모하노라"라고 하였다. 남당(南唐)의 문학가 서현(徐鉉)의 「항왕정비(項王亭碑)」가 세워졌고, 남송(南宋)의 조정은 소흥(紹興) 29년(1159년)에 명하여 항우 묘를 '영혜묘(英惠廟)'라고 했다. 역대로 보수와 증축을 거듭했고 항우, 우희(虞姬), 범증(范增) 등의 조소상과 정비(鼎碑) 그리고 항우가 오강에서 유방의 군대에 쫓겨 나루터에서 항우가 장강을 건널 수 있도록 어부가 마련했던 배가 떠있다.

사마천은 다음과 같이 항우를 평가하며 비판하였다. "항우는 관중 땅을 버리고 고향 초나라를 그리워하여 초나라로 가서 초회왕 의제를 쫓아내고 결국 죽인 다음 스스로 왕이 되었다. 그는 왕후들이 자신을 배반한 것을 원망했지만 사실은 그렇지 않다. 스스로 공로를 자랑하고 자신의 사사로운 지혜만을 앞세웠으며 과거 역사를 거울로 삼지 않고 패왕의 무력으로 천하를 정복하고 다스리다가 5년 만에 결국 나라를 망치고 죽으면서도 끝내 깨닫지 못하고 자신의 잘못을 인정하지 않았으니 이는 잘못된 것이다. 그리고 하늘이 자신을 망하게 하는 것이지 결코 자신이 용병(用兵)을 잘하지 못한 죄가 아니라고 핑계 삼았으니 이것도 이치에 어긋난 일이다."

32

너그럽고 어질어서 도량이 크다

관인대도(寬仁大度)

유방의 사람 됨됨이에 대한 평가

고조(高祖) 유방(劉邦)은 패현(沛縣) 풍읍(豐邑) 중양리(中陽里) 사람으로 성은 유씨(劉氏), 자(字)는 계(季)이다. 아버지는 태공(太公), 어머니는 유온(劉媼)이라고 한다. 유온이 연못가에서 쉬다가 잠깐 잠이 든 사이에 신(神)을 만나는 꿈을 꾸었다. 이때 하늘에서 천둥이 치고 번갯불이 번쩍이더니 갑자기 사방이 어두컴컴해졌다. 태공이 가서 보니 교룡이 자기 아내의 몸 위에 올라가 있었다. 얼마 후에 유온이 임신하였고 드디어 고조를 낳았다.

고조는 코가 높이 솟았고 이마가 튀어나와서 얼굴 모습이 용을 닮았으며, 멋진 수염을 기르고 있었다. 왼쪽 넓적다리에는 72개의 검은 점이 있었다. 사람됨이 어질어서 다른 사람을 사랑하고 남에게 베풀기를 좋아했으며, 탁 트인 마음에 늘 넓은 도량을 지녔다. 일반 백성들의 농사와 같은 일에 종사하지 않았다. 성년이 되어서는 지방관의 추천으로 관리에 등용되어 사수정(泗水亭)의 정장(亭長)이 되었다.

寬 너그러울 관   仁 어질 인   大 큰 대   度 도량 도

고조는 관아의 모든 관리를 깔보고 멸시했으며, 술과 여색을 좋아하여 항상 왕온(王媼)과 무부(武負)의 술집에 가서 외상으로 술을 마셨다. 술에 취하여 드러눕곤 하였는데 무부와 왕온이 그의 몸 위에 항상 용이 있는 것을 보고는 괴이하게 생각했다. 고조가 매번 술집에서 술을 마시며 머물러있으면 술이 평소보다 몇 배는 팔렸다. 술집 주인이 이상하게 생각하였는데 연말이 되면 두 술집의 주인은 항상 외상 장부를 찢어버리고 외상값도 없던 일로 하였다.

고조는 일찍이 함양(咸陽)에서 부역하고 있을 때, 한 번은 진시황제의 행차를 구경하는데 탄식하며 말한 적이 있다.

"아! 대장부란 마땅히 이래야 하는데..."

선보(單父) 사람 여공(呂公)은 패현 현령과 사이가 좋아 원수를 피해 현령을 따르는 식객이 되어 패현에 머무르게 되었다. 패현의 호걸과 향리들은 현령에게 귀빈이 와 있다는 소식을 듣고 모두 방문하여 인사를 드리기로 하였다. 당시 서기였던 소하(蕭何)가 진상하는 예물을 관리했는데 여러 대부에게 일렀다.

"진상하는 금액이 천 냥이 안 되는 사람은 당하(堂下)에 앉으시오."

고조는 정장이라 평소에 관리들을 멸시하였으므로 속여서 알현하겠다며 말했다.

"하례 금액 일만 냥."

사실은 일전 한 푼도 지참하지 않았다. 여공은 매우 놀라 자리에서 일어나 고조를 문 앞에서 맞이하였다. 여공은 관상 보기를 좋아하는 사람으로 고조의 얼굴 생김새를 보고 고조를 높이 사서 자리에 앉게 하였다.

소하가 말하였다.

"유방은 언제나 큰소리만 치고 이룬 일이 드물다."

고조는 다른 손님들을 무시하면서 높은 자리에 앉아 겸손하게 사양하지 않았다. 술자리가 파할 무렵, 여공은 눈짓으로 고조가 나가지 말고 머물러있도록 하였다. 연회가 끝나서 모두가 가고 유방 한 사람만 남게 되자, 여공이 말하였다.

"신은 젊어서부터 관상 보기를 좋아하여 관상을 본 사람이 매우 많았어도 당신과 같은 상은 본 적이 없소. 그러니 그대는 자중하시기 바라오며, 제게 딸 하나 있는데 당신을 위해 청소나 하는 첩으로 만이라도 삼아주시오."

여공은 자신의 딸을 유방에게 시집을 보냈는데, 이 딸이 바로 훗날 효혜제(孝惠帝)와 노원공주(魯元公主)를 낳은 여후(呂后)다.

간체자 宽仁大度 발음 콴 런 다 두 kuān rén dà dù 편명 고조본기(高祖本紀)

| 해설 |

마음이 너그럽고 어질며 도량이 크다는 뜻으로, 남에게 너그럽고 자애롭게 대하며, 마음씨가 넉넉함을 비유하는 말이다.

유사어는 '대도포용(大度包容)'이고, 반의어는 '소두계장(小肚鷄腸)'으로 도량이 협소하여 작은 일에만 신경을 쓰고 대세를 고려하지 않음을 뜻한다.

33

한 번 패해 땅을 더럽히다

일패도지(一敗塗地)

패현의 현령을 죽인 마을 사람들이 유방을
현령으로 추대하자 유방이 거절하며 한 말

고조가 정장으로 현(縣)에서 여산으로 부역 가는 죄수들을 압송하는
일을 맡았다. 죄수들이 도중에 많이 도망갔다. 고조 자신이 헤아리니
도착하기도 전에 죄수들이 다 도망갈 것 같았다. 풍읍 서쪽의 연못에
이르러 행군을 멈추고 술을 마셨다. 밤이 되자 압송하는 죄수를 풀어주
며 말했다.

"그대들은 다 도망쳐라. 나도 여기를 떠날 것이다."

무리 중에 고조를 따르기를 원하는 장사가 십여 명 있었다. 고조는
술을 많이 마신 후, 한밤에 연못가 길을 지나가면서 사람을 시켜 앞서
가도록 했다.

앞서간 사람이 되돌아 보고했다.

"앞에 큰 구렁이가 길을 막고 있습니다. 돌아가시죠."

고조는 술에 취한 김에 말했다.

一 한 일 敗 패할, 깨뜨릴, 무너질 패 塗 길, 칠할, 더럽힐 도 地 땅 지

"장사가 길을 가는데 무엇이 두려운가!"

앞으로 나아가더니 칼을 뽑아 뱀을 내리쳐 죽였다. 뱀이 두 동강이 나서 길이 열렸다. 몇 리를 더 가다가 술에 취해 길바닥에 누웠다.

고조가 잠에서 깨어났고 마음이 혼자 기뻐서 스스로 대단하다고 여겼다. 따르던 사람들은 날마다 고조를 경외하게 되었다.

진시황이 항상 말했다.

"동남쪽에 천자의 기운이 서려 있다."

그래서 동쪽으로 순행하여 그 기운을 억누르려고 했다. 고조는 자신이라고 의심하여 도망쳐서 숨으려고 망산(芒山)과 탕산(碭山) 연못가의 암석 사이에 은거하였다. 여후가 사람들과 함께 고조가 어디에 있나 찾아도 항상 쉽게 찾을 수 있었다. 어떻게 찾을 수가 있었냐고 고조가 괴이하다고 생각되어 묻자 여후가 대답했다.

"그대가 머무는 곳 위에는 항상 구름의 기운이 있어서 그것을 따라가면 당신을 찾을 수 있었어요."

고조는 마음이 기뻤다. 패현의 젊은이들은 그것을 듣고는 고조를 따르는 자가 많았다.

진나라 이세황제 원년(기원전 209년) 가을에 진승(陳勝)이 기현(蘄縣), 지금의 강소(江蘇)성 숙주(宿州) 남쪽의 대택향(大澤鄉)에서 봉기하여 진현(陳縣), 지금의 하남(河南) 회양(淮陽)에 이르러 왕위에 올라 국호를 장초(張楚)라고 하였다. 여러 군현에서는 모두 그곳 지방 장관을 죽이고 진승에게 호응하였다.

고조의 고향 패현의 현령은 두려워서 패현 백성들을 동원하여 진섭(陳涉)에게 호응하고자 하였다. 그러나 연리(掾吏) 겸 주리(主吏)인 서기관 소하(蕭何)와 옥사(獄事)를 담당한 관리 조참(曹參)은 현령에게 말하였다.

"진나라 관리인 현령께서 진나라를 배반하려고 패현의 젊은이를 이끌려고 해도 젊은이들이 현령의 말을 듣지 않을까 두렵습니다. 나리께서 전에 다른 곳으로 도망친 패현 사람들을 부르시어 수백 명을 모을 수 있기를 바랍니다. 그들을 협박한다면 감히 듣지 않을 수가 없을 것입니다."

그러자 현령은 번쾌(樊噲)에게 유계(劉季), 즉 유방을 불러오게 하였다. 그때 유방은 이미 백 명에 가까운 무리를 거느리고 있었다. 번쾌가 유방을 데려왔으나 현령은 이를 후회하며 그들에게 변고가 생길까 두려워하였다. 그래서 현령은 성문을 걸어 잠그고 성을 수비하면서 소하와 조참을 죽이려고 하였다. 겁이 난 소하와 조참은 성벽을 넘어서 신변의 안전을 보장받기 위해 유계에게로 도주하였다. 유계는 비단에 글을 써서 화살에 꽂고 성안으로 쏘아 패현의 어른들에게 말했다.

"천하 사람들이 진나라에게 고통을 받은 지 오래되었습니다. 지금 어른들께서 비록 현령을 위해 성을 지키고 있어도 제후들이 봉기했으니 장차 패현을 도륙할 것입니다. 패현 사람들이 함께 현령을 처형하고 젊은이들 가운데 세울만한 사람을 현령으로 세우고 제후들과 호응한다면 여러분의 가족과 재산을 보전할 수 있을 것입니다. 그렇지 않으면 아버지와 아들이 함께 아무런 의미도 없이 죽임을 당할 것입니다."

그러자 마을 어른들이 젊은이들을 거느리고 가서 현령을 죽이고 성문을 열어 유계를 맞이하고는 패현의 현령으로 삼으려 하였다.

그러자 유계가 이렇게 말하였다.

"천하가 혼란스러워 제후들이 봉기하는 지금, 무능한 장수를 두면 한 번 싸우다가 패하여 다시 일어나지 못할 것이오. 내가 감히 내 목숨을 중히 여겨서가 아니라 나의 능력이 부족하여 어른들과 젊은이들의 목숨을 보전할 수 없음을 두려워해서입니다. 이는 중대한 일이니 이 일을 맡을 적임자를 신중히 다시 선택하시길 바라오."

소하와 조참은 문관이어서 자신의 목숨만 중히 여겨 이 일이 실패하면 후에 진나라에 의해 종족의 씨가 끊기고 멸족의 화를 당할까 두려워서 모두 양보하여 유계를 추천하였다. 그래도 유계는 여러 번 사양하였으나 어떤 누구도 감히 우두머리가 되고자 하는 이가 없었으므로 결국 유계를 패공(沛公)으로 삼았다.

간체자 一败涂地 **발음** 이 바이 투 디 yī bài tú dì **편명** 고조본기

| 해설 |

한 번 패해서 다시 일어날 수 없게 됨을 비유하는 말이다.

"일패도지를 당하다", "일패도지의 고배를 마시다"라는 예로 쓰인다.

'도지(塗地)'는 피 같은 것을 땅에 발라 더럽힌다는 뜻으로 참패(慘敗)함을 말한다.

34

두 손을 마주 잡고 허리만 굽힐 뿐이다

장읍불배(長揖不拜)

역이기가 유방을 만나는데 시녀에게
발을 씻기는 유방에게 불쾌해서 한 행동

진나라 이세황제 3년(기원전 207년), 초왕은 항량의 군사가 패한 것을 보고 겁이 나서 우대(盱臺)에서 팽성으로 천도하기로 정하고 여신과 항우가 친히 군사를 통솔하게 했다. 패공을 탕군(碭郡)의 장으로 삼고 무안후(武安侯)에 봉하고 탕군의 군대를 통솔하게 하였으며, 항우를 장안후(長安侯)에 봉하고 노공(魯公)이라 하였다.

초회왕은 유계에게 서쪽을 공략하여 함곡관(函谷關)에 진입하도록 하였다. 초왕은 제일 먼저 함곡관에 진입하여 관중을 평정하는 자를 관중(關中)의 왕으로 삼겠다고 여러 장수와 약속하였다.

초나라 회왕이 여러 원로 장수들에게 말하였다.

"항우는 사람됨이 성급하고 포악하며 교활하고 사악합니다. 양성(襄

長 길 장　揖 읍할 읍　不 아닐 불　拜 절 배

城) 공략 때도 성이 파괴된 후에 살아남은 사람이 하나도 없었는데 모두 생매장하거나 잔인하게 죽이고 완전히 괴멸시키지 않은 사람이 없었기 때문입니다. 하물며 초나라가 또 여러 차례 진격하여 승리하지 못했는데 진승과 항량도 모두 싸움에서 졌습니다. 차라리 덕이 있는 사람을 보내어 서쪽으로 가서 인의(仁義)를 베풀어 진나라의 사람들을 설득하는 것이 낫습니다. 진나라 부모와 형제들은 그의 군주 때문에 고통을 받은 지 오래되어 지금 덕 있는 사람이 가서 침략하거나 포악한 행동을 하지 않는다면 분명히 함락시킬 수 있습니다. 지금이 항우가 성급하고 포악하니 지금은 파견하지 마십시오. 패공만이 평소에 관대하고 덕이 있는 사람이니 보낼 수 있습니다."

끝내 항우를 허가하지 않고 패공을 파견하여 서쪽 땅을 공략하게 하였다.

패공이 군사를 이끌고 서쪽으로 진격하면서 고양(高陽), 지금의 하남 기현(杞縣)을 지나는데 역이기(酈食其)가 성문을 지키는 관리에게 말하였다.

"이곳을 지나간 장수가 많았지만, 내가 패공을 보니 과연 도량이 크고 덕이 있는 분이시오."

그리고는 패공을 만나서 유세하기를 청했다. 패공은 마침 침상에 걸터앉아 두 여자에게 발을 씻기고 있었다.

역이기는 엎드려 절을 하지 않고 두 손을 마주 잡고 허리만 굽히며 말하였다.

"그대가 포학무도한 진나라를 토벌하고자 하신다면, 마땅히 걸터앉은 채로 덕이 있는 사람을 접견해서는 안 됩니다."

패공은 일어나서 옷을 당겨 여미며 사죄하고 상좌에 앉게 하였다.

역이기가 패공에게 진류(陳留)를 습격하도록 권하여 진나라의 쌓아둔 양식을 얻게 되자, 역이기를 광야군(廣野君)으로 삼고 그의 동생 역상(酈商)을 장군에 임명하고 진류의 병사를 통솔하여 개봉을 공격하게 했다.

간체자 长揖不拜 발음 창 이 부 바이 cháng yī bù bài 편명 고조본기

| 해설 |

예의를 갖추어 대하지만 상대를 완전히 믿고 굴복하거나 존경을 하지 않은 상태를 비유하는 말이다.

역이기에 대한 유방의 태도를 보면 유방이 항우와 달리 천하를 얻을 수 있었던 이유를 알 수 있다. 유방은 도량이 넓은 사람으로 남에게 베풀기를 좋아하여 인심을 얻어 많은 인재가 모여든 반면, 항우는 거칠고 사나웠으며 잔인하기조차 하고 얼마 되지도 않는 그의 모사조차 잃었다.

항우의 성격을 잘 드러낸 사례는 다음과 같다.

첫째, 범증의 의견을 수용하지 않아 홍문연에서 유방을 죽여 천하를 얻을 절호의 기회를 날려버렸다.

둘째, 유방의 부하 장수 진평의 반간계에 걸려들어 범증을 의심하여 잃었다.

셋째, 잔인한 그의 성격을 나타낸 것인데, 회계 군수 은통(殷通), 상장군 송의(宋義)뿐만 아니라 초회왕(楚懷王)이었던 의제(義帝)까지 무

참하게 죽였고, 진나라 수도 함양에 들어가서는 도륙하고 투항한 진나라 왕자 자영도 죽였으며 진나라 궁궐을 불태우고 재화와 보물 그리고 부녀자들을 차지하였다.

반면에 유방은 진나라 수도 함양에 항우보다 먼저 들어가서도 부하들의 충언을 받아들여 재물을 약탈하거나 궁의 미인을 탐하지 않아 백성들의 인심을 얻었고, 진나라 장수 장한이 항우에게 투항한 후 유방이 진나라 군사와 남전(南田)에서 싸울 때도 유방은 지나가는 마을에서 병사들이 노략질하지 못하게 하자 진나라 백성들이 기뻐하였으며, 진나라 군사가 무너지는 틈을 타서 진나라 군대를 무찔렀고 승세를 타고 마침내 진나라 군대를 쳐부쉈다.

기원전 206년 10월, 유방의 군대가 제후들보다 가장 먼저 함양 근교 패상에 도착하니, 진나라 왕 자영이 대신들을 이끌고 성을 나와 항복했다. 여러 장수가 자영을 죽이라고 하였어도 유방은 초회왕이 자신을 보낸 것은 자신이 관용을 베풀 것이라고 여겼기 때문이며 항복한 사람을 죽이는 것은 상서롭지 못한 일이라고 하면서 거절하였다. 또 번쾌와 장량의 간언을 받아들여 궁전의 보물과 재물 창고를 건드리지 않고 봉해버린 채 다시 패상으로 돌아갔다. 그리고 여러 현의 원로와 호걸들을 불러 모아 '약법삼장'을 발표하고 사람을 시켜 진나라 관리와 함께 모든 현과 향 등 마을을 돌아다니면서 이 사실을 알려 민심을 얻어 백성들은 유방이 왕이 되기를 원했던 것이다.

정치는 순리이고, 순리는 민심을 따르는 것이며, 민심은 통치의 원동력이다.

35

세 가지 법령만을 약정하다

약법삼장(約法三章)

유방이 진나라 패상 사람들의 원로와 지도자들에게 한 약속

한 원년 10월, 패공의 군대가 드디어 제후들보다 먼저 패상에 이르니, 진왕 자영이 항복하였다. 여러 장수가 진왕을 죽여야 한다고 말하자, 패공이 말했다.

"처음에 회왕이 날 보낸 것은 관용을 베풀 수 있다고 생각하셨기 때문이다. 또 이미 항복했는데 죽인다면 상서롭지 못한 행동이오."

진왕을 관리에게 맡기고 서쪽으로 함양에 들어가서 패공이 궁전에 머물며 방에 들어가 휴식을 취하려 하자, 번쾌와 장량이 간언하므로, 패공은 진나라의 귀한 보물과 재물이 가득한 창고를 밀봉한 다음 패상으로 회군하였다.

패공은 여러 현의 원로들과 호걸들을 불러서 말했다.

"그대들은 진나라의 가혹한 법에 고통을 받은 지 오래되어 비방하는 자는 멸족 당했고, 둘이서 모의를 하면 저잣거리에서 처형되었다. 내가 제후들과 제일 먼저 관중에 진입하는 자가 왕이 되기로 약조했으니, 내

約 약속할 약   法 법 법   三 석 삼   章 글 장

가 마땅히 관중의 왕이 될 것이오. 지금 원로들에게 <u>세 가지 법령만을</u>
<u>약정하니</u>, 사람을 죽이는 자는 사형에 처할 것이고, 사람을 다치게 하
는 자와 남의 물건을 훔치는 자는 그 죄에 따라서 처벌할 것입니다."

간체자 约法三章　**발음** 웨 파 싼 장 yuē fǎ sān zhāng　**편명** 고조본기

| 해설 |

2013년 3월 17일, 제12차 전인대(全人大) 1차 회의 폐막식 이후에
국무원(国务院) 총리(總理) 리커창(李克强)은 인민대회당에서 열린 기
자간담회에서 새로운 "약법삼장"(约法三章)을 발표하였는데, 그 내용
은 다음과 같다. "첫째, 정부 기관 건물의 신축은 하지 않을 것이다.
둘째, 재정을 삭감하지 늘리지는 않을 것이다. 셋째, 공적인 접대, 출
국, 차량 구입비는 삭감하지 늘리지는 않을 것이다."

중국은 전에도 공직자의 공금횡령, 정경유착, 뇌물 수수와 국고 낭
비에 대해 칼을 들었던 경우가 많았다. 중추절 날 선물로 웨빙(月餅)에
서 마오타이쥬(茅苔酒)까지 주고받았는데 심지어 이 웨빙에 금 거북이
나 두꺼비를 넣어 고위 공직자에게 뇌물로 주기도 하여 이 두 품목은
공직자가 선물을 주거나 받지 못하게 엄하게 금한 뒤로 일반 서민은
원래 고가이기 때문에 잘 사지 않아 마오타이쥬가 잘 안 팔려 '바이
원, 푸리 원'으로 바겐세일하는 경우가 잦았다.

36

옛날처럼 집에 있듯이 편안하게 살다
안도여고(案堵如故)

유방의 약법삼장 가운데 진나라 백성들과 한 약속

나머지 진나라 법령은 모두 폐지하여 모든 관리와 백성들이 <u>옛날처럼 편안한 생활을 누리게 할</u> 것입니다. 내가 여기에 온 것은 어른들에게 피해를 주는 것을 없애기 위해서이지 침략하거나 횡포를 부리기 위해서가 아니니 두려워하지 마십시오. 또 내가 패상에 군대를 주둔시킨 것은 제후들이 도착하길 기다렸다가 약조를 맺기 위해서입니다."

사람을 시켜 진나라 관리와 함께 현(縣), 향(鄕), 읍(邑)을 다니면서 이를 알리고 이해시키라고 하였다. 진나라 백성들이 기뻐하며 다투어 소와 양고기, 술, 음식을 가지고 와서 군사들을 대접하였다. 그러나 패공이 사양하여 받지 않으려고 하였다.

"창고에 양식이 많아 부족하진 않아도 백성들에게 낭비하게 하고 싶지 않습니다."

백성들은 더욱 기뻐하며 패공이 진나라의 왕이 되지 않을 것만 걱정했다.

案 책상 안　堵 담 도　如 같을 여　故 옛 고

간체자 案堵如故 발음 안 두 루 구 àn dǔ rù gù 편명 고조본기

| 해설 |

'안(案)'은 '안(安)'과 같아 집과 같다는 뜻으로, '안도(案堵)'는 편안하게 삶을 뜻한다.

국가통치자의 최고 목표는 백성들이 마음 편안하게 살게 해주는 것이 아닐까? 편안하게 산다는 것은 치안과 국방 등 사회안전망이 잘 구축되어 있고 누구나 잘 먹고 살 수 있는 직장을 구하고 집을 살 수 있는 것을 말한다. 유방은 이것을 실천하겠다고 국민에게 공약한 셈이다. 당시에 이미 유방은 황제의 자질을 갖춘 것이다.

37

학수고대하다

기이망귀(跂而望歸)

한신이 유방을 설득하며 항우를 무찌를 계책으로 쓴
귀향하고픈 병사들의 행위에 대해 한 말

기원전 206년 11월, 항우는 제후 병사를 이끌고 서쪽으로 가서 함곡관에 진입하려고 하였으나 관문이 굳게 닫혀서 들어가지 못했다. 패공이 이미 관중을 평정했다는 소식을 듣고 몹시 화가 나서 경포를 시켜 함곡관을 공격하게 했다.

12월 중에 항우가 드디어 희(戲) 땅에 도착했다. 패공의 좌사마 조무상이 항왕이 화가 났다는 것을 듣고는 패공을 공격하려고 했다.

당시에 항우의 병사는 40만 명이었고 백만 냉이라고 불렀다. 패공의 병사는 10만으로 20만이라고 불렸어도 중과부적(衆寡不敵)이었다.

패공이 백여 명의 기병을 이끌고 홍문(鴻門)으로 달려가 항우를 만나 사죄했다.

跂 발돋움할 기   而 어조사 이   望 바랄 망   歸 돌아갈 귀

유방은 번쾌와 장량의 도움으로 위기를 벗어나 돌아왔다.

항우는 드디어 서쪽으로 진격하여 살육을 일삼으며 함양의 진나라 궁궐을 닥치는 대로 불사르니 그가 지나는 곳은 어디나 무참하게 파괴되지 않은 곳이 없었다. 진나라 백성들은 크게 실망했지만 두려워서 감히 복종하지 않을 수 없었다.

4월에 제후들은 항우의 대장군의 기치 아래에서 병사들을 해산하였고, 제후들 각자 그들의 봉국(封國)으로 돌아갔다. 한왕이 봉국으로 떠나니, 항우는 사졸 3만 명만 그를 따르게 하였다. 초나라와 다른 제후국에서 한왕을 흠모하여 따르는 자가 수만 명이었다.

한왕은 지금의 섬서 서안(西安) 동남쪽 두현(杜縣)의 남쪽에서 관중(關中)에서 한중(漢中)으로 통하는 계곡의 식(蝕)으로 진입하였다. 통과하고 나서 잔도(棧道)를 불태워 끊어서 제후의 도적 병사들이 뒤에서 습격하는 것을 막았고 또 동쪽으로 되돌아갈 뜻이 없음을 항우에게 표하였다. 그들은 남정(南鄭), 지금의 한중에 도착하니 여러 장수와 사졸 중에 도중에 도망쳐서 돌아간 이가 많았으며, 사졸들은 모두 고향을 그리워하는 노래를 부르며 동쪽으로 돌아가고 싶은 마음뿐이었다.

한신이 한왕을 설득하여 이렇게 말하였다.

"항왕은 공로가 있는 장수들을 모두 왕에 봉했는데, 오직 대왕만을 한중의 남정에 머물게 했으니 이는 유배시킨 것과 다름없습니다. 우리 군사들 모두 산동 사람이라 밤낮으로 <u>발꿈치를 세워서 고향으로 돌아가기를 학수고대하고 있으니</u>, 모두가 바라는 마음이 가장 왕성할 때를 틈타 그들을 이용하신다면 큰 공을 세울 수 있을 것입니다. 만약 천하가 평정되어 사람들 모두가 안정을 되찾게 된다면 다시는 그들을 이용할 수 없을 것이니, 차라리 계책을 세워 동쪽으로 진격하시어 제후들과 자웅을 겨뤄 천하의 패권을 쟁취하는 것이 낫습니다."

간체자 跂而望归 **발음** 치 얼 왕 구이 qì ér wàng guī **편명** 고조본기

| 해설 |

'기망(跂望)'이란 발돋움하여 먼 곳을 바라본다는 뜻으로, '기이망귀'는 발꿈치를 세워서 고향으로 돌아가기를 바람을 말하는데, 몹시 기다리는 모양을 비유하는 말이다.

항우의 병력은 40만이고, 유방의 병사는 10만이어서 병력으로는 대적이 되지 않았다. 항우의 장수 항백이 유방의 모사 장량을 살리고 싶어 밤에 장량을 만나러 갔다. 장량이 항우를 회유하니 항우는 공격을 멈췄다. 유방은 홍문으로 가서 사죄했다. 홍문연(鴻門宴)에서 유방은 번쾌와 장량의 도움으로 위기에서 벗어나 돌아올 수 있었다.

항우는 거짓으로 초회왕을 의제로 높이고 실제로는 그의 명령을 따르지 않았다. 항우는 자칭 서초패왕이라 하고 팽성에 도읍을 정했다. 또 협약을 파기하고 유방을 한중의 한왕으로 세웠다. 유방은 한중에서 한신의 계략을 사용하여 옛길을 따라 멀리 돌아서 진창에서 진나라 장수로 항우에 투항한 장한을 공격하였다. 드디어 유방이 관중을 평정하여 천하를 얻는데 기반을 구축할 수 있었다.

38

남몰래 진창으로 돌아가다

암도진창(暗渡陳倉)

딴 마음이 없음을 나타내고 몰래 중원으로
진출하려는 유방과 한신의 계책

8월, 한왕은 한신의 계략을 써서 옛 길을 따라 멀리 돌아서 옹왕(雍
王) 장한(章邯)을 몰래 공격했다. 장한은 진창(陳倉)에서 한나라 군대
를 맞아 싸웠으나 옹왕의 군대가 패하여 도망쳤고 호치(好畤)에서 멈
추었다가 다시 싸웠으나 또 패하여 폐구(廢口)로 되돌아갔다. 유방이
옹 땅을 평정하고, 동쪽으로 함양에 이르렀다.

간체자 暗渡陈仓 **발음** 안 두 천 창 àn dù chén cāng **편명** 고조본기

| 해설 |

앞에서는 안 그런 척하면서 뒤에서는 남모르게 상대를 공격하는 행
위를 가리킨다. 원래는 정면으로는 적을 속여 자신의 공격노선을 숨기

暗 남몰래 암 渡 건널 도 陳 베풀 진 倉 곳집 창

고 측면에서 습격하는 것을 말한다. 명확한 행동으로 상대방을 속이고 적이 미처 준비하지 못하게 하는 전략으로 몰래 행동하는 것에 비유하는 말로 쓰였다. '명수잔도, 암도진창(明修棧道, 暗渡陳倉)'에서 유래한 성어인데, 밝은 대낮에 잔도를 수리하는 척하면서 몰래 밤에 진창을 통해 장한을 기습하는 위장 전술로 한신의 고사에서 비롯되었다. 이것은 '성동격서(聲東擊西)', '출기제승(出奇制勝)'의 전략과도 같다.

『사기』「회음후열전(淮陰侯列傳)」, 「조상국세가(曹相國世家)」와 「번역관등열전(樊酈灌滕列傳)」 등의 기록에 근거하면, 한신이 관중을 나올 때 '명수잔도'하였다는 묘사는 없지만 실제로는 번쾌와 관영 등이 군사를 거느리고 기산(岐山)으로 가면서 농서(隴西) 지역을 공격하는 척하였고, 한신은 옛길, 즉 진창으로 통하는 길을 이용하여 진창을 공격하여 관중을 점령하였다. '명수잔도'는 최초로 원나라 희곡작품에 등장하였다.

『삼국연의』 제96회에 공명이 가정(街亭)을 잃어 '읍참마숙(泣斬馬謖)' 후에 위주(魏主) 조예(曹睿)는 사마의(司馬懿)를 불러서 촉(蜀)을 깨뜨릴 계책에 대해 상의하는 대목이 나온다. 사마의가 말하길, "이번에 제갈량이 반드시 한신의 '암도진창' 계책을 흉내 낼 것입니다. 그래서 학소(郝昭)를 진창의 길목에 보내 성을 쌓고 막게 하면 실수가 없을 것입니다"라고 하였다.

39

인륜에 거스르고 도리를 무시하다

대역무도(大逆無道)

항우가 의제를 죽인 행위에 대해 유방이 한 말

한 2년, 한왕이 동쪽 땅을 점령하니 새왕 사마흔, 적왕 등예, 하남왕 신양(申陽)이 모두 항복했다.

한나라의 태위 신(信)을 한왕(韓王)으로 세웠다.

3월, 한왕은 한중에서 중원의 낙양에 이르렀다. 신성(新城)의 삼로(三老) 동공(董公)이 가로막고 한왕에게 의제가 죽은 까닭을 설명했다. 한왕은 그의 말을 듣고 웃통을 벗어 큰소리로 통곡하였다. 그리고는 마침내 의제를 위해서 발상하여 3일 동안 애도하였다.

사자를 보내어 제후들에게 알렸다.

"천하가 함께 의제를 천자로 옹립하고 신하로서 모셨는데, 지금 항우가 의제를 강남으로 쫓아내어 죽이니 대역무도한 짓이로다. 과인이 친히 발상할 것이니 제후들은 모두 흰 상복을 입으십시오. 내가 관내의 사병을 모두 출동시키고 하남, 하동, 하내 삼하(三河)의 병마를 징발하여 남쪽으로 한수와 장강을 따라 내려가 각 제후의 왕들을 쫓아서 초나라의 그 의제를 시해한 자를 토벌하고자 합니다."

大 큰 대   逆 거스를 역   無 없을 무   道 도리 도

간체자 大逆无道 발음 다 니 우 다오 dà nì wú dào 편명 고조본기

| 해설 |

　신하 된 자가 임금을 반역하여 위계질서를 무너뜨리는 반사회적 위법행위를 말한다.

　삼로(三老)는 고대 교화(敎化)를 관장한 지방관으로 전국시대 위나라 때부터 설치하기 시작했고, 진나라에는 향(鄕), 한나라 때는 현(縣)에 설치하였다. 동한 이후에는 군(郡)에 설치하였다.

　『한서』「고제기(高帝紀)」에 유방이 한 2년 2월에 백성들에게 진나라의 사직을 없애고 한나라 사직을 세우게 했다고 하면서 유방은 새로운 법령을 반포하며 나이가 50세 이상인 사람 중에 수행능력과 통솔력을 갖춘 사람을 천거하여 삼로로 삼고 향에 한 사람을 둔다고 하였다.

　'단(袒)'은 웃통을 벗음을 뜻하는데, 왼쪽 소매를 벗으면 같은 편에 선다는 것을 의미한다.

　한왕은 한중에 3개월 정도 있었고, 곧 군사를 이끌고 중원으로 향하여 초나라 항우와 전쟁을 일으켰다. 기원전 205년 초에 유방은 섬현(陝縣), 지금의 하남 삼문협(三門陝)을 나와 황하를 건너 낙양에 이르렀고 여기에서 의제 사망 소식을 듣고 제후들과 합세하여 초나라를 격파하였다.

　유방과 항우의 최후의 결전은 다음과 같은 과정으로 끝이 난다.

　한(漢) 5년(기원전 202년), 한왕(韓王) 유방은 제후들의 군대와 함께 초나라 군대를 추격하여, 해하(垓下)에서 항우와 싸웠다. 회음후(淮陰

侯) 한신(韓信)이 30만 대군을 이끌고 정면으로 대적하였으나 전세가 불리하여 퇴각하였다. 그러자 한신의 부장 둘이 좌우에서 협공하자, 초나라 군대의 전세가 불리해졌다. 한신은 이때를 틈타 반격을 가하여 해하에서 초나라 군대를 크게 무찔렀다.

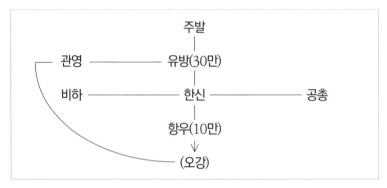

초한(楚漢) 해하(垓下) 결전 상황도표

유방은 제후 군사와 함께 초나라 군사를 공격하여 항우와 해하에서 승부를 겨뤘다. 한신이 30만 대군을 이끌고 직접 대결하였는데 공장군(孔將軍) 공총(孔藂)은 왼쪽에, 비장군(費將軍) 비하(費賀)는 오른쪽에 있었으며, 유방은 뒤에 있었고 주발(周勃)과 시장군(柴將軍) 시무(柴武)는 유방 뒤에 있었다. 항우의 군사는 약 10만 명이었다.

항우는 해하에서 사면초가의 위기상황에 처하여 한나라 군대가 초나라 땅을 완전히 점령했다고 생각하고 마침내 포위를 뚫고 돌파하니 초나라 군대는 대패하였다. 한왕은 관영(灌嬰)에게 항우를 추격하여 동성(東城)에서 죽이게 하고, 항우의 군사 8만의 목을 베게 하여 마침내 초나라를 평정하였다.

40

막사 안에서 작전 계획을 짜다

운주유악(運籌帷幄)

유방이 평가한 장량 최고의 업적

정월에 제후와 장수들이 함께 한왕을 황제로 추존하기를 청하니, 한왕이 말하였다.

"황제라는 존호는 어진 자만이 가질 수 있다. 그러한 헛된 이름은 내가 지킬 바가 아니니, 나는 황제라는 지위를 감당할 수 없소."

여러 신하가 모두 말하였다.

"대왕께서는 가난하고 보잘것없는 평민 출신으로 포학무도한 자를 토벌하여 천하를 평정하고 공로가 있는 자에게 땅을 갈라 나누어주고 왕이나 제후에 봉하셨는데, 대왕께서 황제의 존호를 받지 않으시면 모두가 의심하여 믿지 않을 것입니다. 저희 신하들은 목숨을 걸고 관철하겠습니다."

그러자 세 번 사양하던 한왕은 어쩔 수 없다는 듯이 말하였다.

"그렇게 하는 것이 반드시 국가에 이익이 된다고 생각한다면 그 건의를 받아들이겠소."

運 궁리할 운 籌 꾀 주 帷 휘장 유 幄 장막 악

한왕은 범수(氾水) 북쪽, 지금의 산동성 정도현(定陶縣)에서 황제에 즉위하였다.

황제는 초나라 풍습에 익숙한 제왕 한신을 초왕으로 바꾸어 봉하여 하비(下邳)에 도읍하게 하였다.

천하가 모두 평정되어 한고조 유방이 낙양에 도읍하니, 모든 제후가 신하로서 귀의하였다.

5월, 병사들을 모두 해산하여 집으로 돌아가게 했다.

고조는 낙양의 남궁(南宮)에서 주연을 베풀며 물었다.

"열후와 장수들은 숨김없이 짐에게 자신의 생각을 말해봐라. 짐이 천하를 얻을 수 있었던 까닭이 무엇이며, 항우가 천하를 잃은 까닭이 무엇인가?"

고기(高起)와 왕릉(王陵)이 대답하였다.

"오만하여 다른 사람을 업신여기고, 항우는 어질고 남을 사랑합니다. 그러나 폐하는 사람을 시켜 성을 공격하여 점령하게 한 뒤 투항한 사람의 땅과 점령한 땅 모두를 장수들에게 봉하여 천하와 더불어 이익을 나누셨습니다. 반면에 항우는 어질고 재능 있는 자를 시기하여 공로가 있는 자를 미워하고 어진 자를 의심하며 전투에 승리하여도 다른 사람에게 그 공을 돌리지 않고 땅을 얻고서도 다른 사람에게 나누어주지 않았으니, 이것이 항우가 천하를 잃은 까닭입니다."

그러자 고조가 다음과 같이 말하였다.

"그대는 하나는 알고 둘은 모르는구려. 군대 막사 안에서 계책을 짜

<u>내어</u> 천 리 밖에서 승리를 결정짓는 일에서는 내가 장량만 못하고, 나라를 안정시키고 백성들을 위로하며 양식을 공급하고 운송도로를 끊기지 않게 하는 일에서는 내가 소하만 못하며, 또 백만 대군을 통솔하여 전쟁에서 반드시 승리하고 공격하는데 반드시 점령하는 일에서는 내가 한신만 못하오. 이 세 사람은 모두 걸출한 인재로서 내가 그들을 임용할 수 있었던 것이 바로 내가 천하를 얻을 수 있었던 까닭이며, 항우는 단지 범증 한 사람만이 있었으나 그마저도 끝까지 믿지 못했으니 이것이 항우가 나에게 포로로 잡힌 까닭이오."

간체자 运筹帷幄 **발음** 윈 처우 웨이 워 yùn chóu wéi wò **편명** 고조본기

| 해설 |

전략 전술을 짜다는 뜻이다. '운주(運籌)'는 여러 가지로 계획하고 궁리함을, '유악(帷幄)'은 장막이란 뜻으로 작전 계획을 세우는 곳을 말한다.

'운주유악'이란 성어는 곧 장량을 대표하는 상징적인 말이 되었다.

41

하늘에는 태양이 두 개가 있을 수 없고
땅에는 두 명의 군주가 있을 수 없다

천무이일(天無二日)
토무이왕(土無二王)

황제인 유방이 부친을 황제에게 하는 것처럼 알현하자 가신이 반대하며 한 말

한 5년 10월, 연왕(燕王) 장도(臧荼)가 모반하자, 대(代), 지금의 산서성 북부 대동(大同)을 공략하여 함락시켰다. 고조가 친히 군사를 이끌고 공격하여 장도를 사로잡았다. 즉시 태위 노관(盧綰)을 세워 연왕으로 삼았다. 승상 범쾌를 시켜 군사를 통솔하여 대를 공격하게 하였다.

이해 가을, 이기(利幾)가 반란을 일으켜 고조가 친히 군사를 이끌고 가서 공격하니 이기가 도주했다. 이기는 항씨의 장수였는데 항씨가 패하자 이기는 진현(陳縣)의 현령으로 진공(陳公)이 되어 항우를 따르지 않고 도망쳐서 고조에게 투항했었다. 고조는 그를 영천(潁川)의 후(侯)로 삼았다. 고조가 낙양에 이르러 명부에 따라 제후들을 접견하고자 하니 이기가 스스로 원래 자신이 항우의 장수였으므로 내심 두려워서 감히 응하지 못하고 반란을 일으켰다.

天 하늘 천　無 없을 무　二 두 이　日 태양 일
土 땅 토　王 왕 왕

한 6년(기원전 201년), 고조는 닷새에 한 번 고조의 부친 태공(太公)을 알현하여, 일반 서민의 부자지간의 예절을 따랐다.

태공의 가신이 태공에게 말하였다.

"하늘에는 태양이 두 개가 있을 수 없고, 땅에는 두 명의 군주가 있을 수 없습니다. 지금 고조께서 비록 집에서는 자식이지만 천하의 군주시며, 태공께서는 비록 고조의 부친이시고 또 고조의 신하이시기도 하니, 어찌 군주에게 신하를 알현하게 하실 수 있겠습니까? 황제의 위엄이 바로 서지 않습니다."

후에 고조가 만나러 오자 태공은 청소하는 빗자루를 들고 문에서 맞이한 후 뒤로 물러났다. 고조가 매우 놀라 수레에서 급히 내려 부친을 부축했다.

태공이 말했다.

"황제는 천하의 주인이신데 어떻게 저 때문에 천하의 법도를 어지럽히십니까?"

그래서 고조는 태공을 높여서 태상황이라 하고 마음속으로 태공의 가신의 말이 옳다고 여기고 금 오백 근을 하사했다.

간체자	天无二日, 土无二王
발음	톈 우 얼 르 tiān wú èr rì
	투 우 얼 왕 tǔ wú èr wáng
편명	고조본기

| 해설 |

하늘에는 두 개의 태양이 있을 수 없고, 한 나라에 동시에 두 명의

군주가 있을 수 없다는 뜻이다. 태양은 군주를 비유하는 말이다.

유사 성어로는 '천무이일(天無二日), 국무이주(國無二主)'라는 말이 있는데 '천무이일(天無二日), 민무이주(民無二主)'라고도 한다. 『예기』 「증자문(曾子問)」에 "하늘에 태양이 두 개가 아니고 땅에는 임금이 둘이 아니며 집안에 주인이 둘이 아닌 것과 같다"라고 하였다.

42

백만 명도 이만 명으로 막아낼 수 있는 산하다

백이산하(百二山河)

신하가 고조에게 진나라 땅의 이로움에 대해 한 말

11월, 어떤 사람이 변란사건을 상서하면서 초왕(楚王) 한신(韓信)이 모반했다고 고발하였다. 이에 군주가 좌우 대신의 의견을 물으니 대신들은 다투어 그를 토벌하고자 하였다. 고조는 진평(陳平)의 계책을 채택하여 거짓으로 운몽택(雲夢澤)에 놀러 가는 척하면서 진(陳)에서 제후들을 만나기로 하였다. 초왕 한신이 진 땅에서 고조를 영접하자 고조는 즉시 그를 체포하였다. 그날 고조는 천하에 대 사면령을 내렸다.

전긍(田肯)이 하례를 올리며 고조에게 유세하였다.

"폐하께서는 한신을 사로잡고 또 옛 진나라 땅 관중을 다스리고 계십니다. 진(秦)은 지세가 험난하여 승리를 얻기에 좋은 위치에 있는 땅으로 험난한 산과 강에 둘러싸여 있으며 제후국들과 천 리나 멀리 떨어져 있으니, 창을 가진 병사가 백만 명이라도 진나라 땅은 2만의 명으로 막아낼 수 있습니다.

百 일백 백　二 둘 이　山 뫼 산　河 강 하

간체자 百二山河 발음 바이 얼 산 허 bǎi èr shān hé 편명 고조본기

| 해설 |

산세가 험함을 비유하는 말이다.

원문에는 '지극백만(持戟百萬) 진득백이(秦得百二)'라고 하였는데, '백이'(百二)는 100중의 2, 즉 100분의 2로 보면, 백만 중의 2만이 되므로 2만 명의 군사로 백만의 군사를 당해낼 수 있다는 뜻이 되며, '제득십이(齊得十二)'에서의 '십이(十二)'도 10중의 2, 백만이면 20만이 되므로 20만 명의 군사라는 뜻이 된다.

'백이산하'는 이익(李翼)의 『성호집(星湖集)』에 실린 「유북한기(遊北漢記)」에도 나온다. 숙종 38년(1714년) 북한산성을 축성하자고 건의하여 성이 완성되자, 그가 "북쪽은 백운봉(白雲峰), 동쪽으로 옛 성터까지 뻗었고 다시 나한봉(羅漢峰)을 거쳐 서쪽으로 중흥동(中興洞) 입구에서 만나니 참으로 이른바 백이산하로 하늘이 만들어 준 요새라는 것이 이것이다"라고 하였다.

43

높은 지붕 위에서 기와 고랑에 든 물을 쏟는다

고옥건령(高屋建瓴)

신하가 고조에게 진나라 지형이 유리하여
제후에 대한 공격을 비유하며 한 말

지세가 이렇게 유리하므로 군사를 동원하여 제후들을 공격할 때는 마치 높은 지붕 위에서 기와 고랑에 물을 쏟아 붓는 것과 같아 막을 길이 없는 것입니다. 제(齊) 땅은 동쪽으로 산물이 풍부한 낭야(琅邪)와 즉묵(卽墨)이 있고, 남쪽으로 험준한 태산이 있으며 서쪽으로는 황하에 가로막혀 있고 북쪽으로는 발해의 이익이 있습니다. 땅은 사방으로 2천 리나 되고 제후국은 천 리 밖에 떨어져 있으니 제후국 군사가 백만이라면 제 땅은 20만 군사만으로도 막아낼 수가 있습니다. 그러므로 이 두 곳은 동진(東秦)과 서진(西秦)이라고 칭할 수 있으니, 폐하의 친자식이 아니면 제왕(齊王)에 봉하지 마십시오."

고조는 말했다.

"좋소."

고조는 금 5백 근을 그에게 하사했다.

高 높을 고 屋 지붕 옥 建 엎지를 건 瓴 동이, 기와 고랑 령(영)

열흘 남짓 지난 후에, 한신을 회음후(淮陰侯)로 강등하고 그 땅을
나누어 두 나라가 되게 했다.

간체자 高屋建瓴 **발음** 가오 우 젠 링 gāo wū jiàn líng **편명** 고조본기

| 해설 |

높은 지붕 위에서 항아리의 물을 쏟으면 암키와에 흘러내리는 물을
막을 수 없다는 뜻으로, 기세가 대단하여 막기 어려움을 비유하는 말
이다. '영수(瓴水)'란 지붕의 기와를 흘러내리는 빗물을 뜻하여, 막지
못하는 형세를 비유한다.

조선 건국 초 세조 때의 무장으로 17세의 나이에 무과에 장원급제
하고 세조 13년(1467년), 이시애의 난을 평정하여 의산군(宜山君)에
봉해졌다가 병조판서에서 해직되었을 때 혜성(慧星)이 나타나자, '혜
성이 나타남은 묵은 것을 없애고 새것을 나타나게 하려는 징조다"라고
말하였는데, 이를 엿들은 병조참지(兵曹參知) 유자광(柳子光)이 역모
를 꾀한다고 모함함으로써 국문 끝에 능지처참을 당한 남이(南怡,
1441~1468)의 시조 「오추마 우는 것에」를 보면,

오추마 우는 곳에
칠 척 장검 비꼈는데
백이산하는 뉘 땅이 된단 말고
어즈버 팔천 제자를 어느 낯으로 보려고

라고 읊었다. '오추마(烏騅馬)'는 항우가 늘 타고 다니던 애마(愛馬)이고, '칠척장검(七尺長劍)'은 일곱 자나 되는 큰 칼이며, '팔천제자(八千弟子)'는 항우가 거느렸던 강동의 8천 명의 젊은 역사(力士)를 말한다.

항우가 오추마가 우는 곳에서, 일곱 자나 되는 큰 칼을 비껴들었는데, 지세가 험준하여 백만 대군을 2만 명이 막아내던 진나라가 누구의 땅이 되었는가? 한나라 땅이 된 것이다. 8천 명이나 되는 젊은이를 데리고 강을 건너 서쪽으로 왔었는데 이제 한 사람도 살아서 돌아가지 못했으니, 비록 강동의 부모들이 불쌍하게 여겨 나를 다시 왕으로 추대한다 한들 내가 무슨 낯으로 이들을 볼 수 있겠는가? 여기에서 백이산하는 진나라 땅은 험준하여 2만 명으로도 능히 백만을 대항할 수 있다는 데서 나온 말이다.

다른 문헌에서 마지막 행은 "홍문연 삼거불응 못내 설워하노라"라고도 한다. 항우가 유방을 홍문(鴻門)에서의 잔치에 초대하여 범증이 세 차례 옥결을 들어 보였지만 항우가 응답하지 않아 유방을 죽일 기회를 놓쳐 천하를 빼앗긴 것을 아쉬워한다는 뜻이다. '삼거불응(三擧不應)'이란 세 차례 들어도 응대하지 않다는 뜻으로, 항우가 붙여준 부친에 버금가는 사람이란 뜻의 존칭인 아부(亞父) 범증(范增)이 항우에게 여러 차례 눈짓하며 차고 있던 옥결(玉玦)을 들어서 암시한 것이 세 번이었으나, 항우는 묵묵히 응답하지 않았던 것을 말한다. 홍문에서의 잔치 이전에 항우는 범증이 한쪽이 트여 있어 결렬을 암시하는 옥결을 들어 보이면 항우가 유방을 죽이기로 약속을 하였다.

44

발꿈치를 들고 기다리다

교족이대(翹足而待)

여후가 죽은 남편 고조를 발상하지 않고 장수들을 죽이려고 하자,
장군 역상이 심이기에게 나라가 망할 것이라며 한 말

한 8년, 고조가 동쪽으로 한왕(韓王) 신(信)의 모반한 나머지 도적들을 동환(東桓)에서 공격했다.

승상 소하가 미앙궁(未央宮)을 짓고 동궐(東闕), 북궐(北闕), 전전(前殿), 무고(武庫), 태창(太倉)을 세웠다. 고조가 돌아와 궁궐이 지나치게 웅장한 것을 보고 화가 나서 소하에게 따져 물었다.

"천하가 어지럽고 불안한데 전쟁에서 고전을 면치 못한지 여러 해가 되었어도 성패를 아직 알 수 없는데, 무엇 때문에 궁궐을 과도하게 지었단 말인가?"

소하가 말했다.

"천하가 아직 안정되지 않았으므로 이를 기회로 궁궐을 지을 수 있었습니다. 게다가 천자는 사해(四海)를 집으로 여기는 법이니, 궁전이 웅장하고 화려하지 않으면 위엄이 없게 되며, 또한 지금 짓지 않으면

翹 들, 발돋움할 교   足 발 족   而 어조사 이   待 기다릴 대

후세에는 더욱 웅장하고 화려한 궁전을 지을 수 없게 될 것입니다."

이 말에 고조는 기뻐했다.

한 9년, 미앙궁이 완성되었다. 고조는 제후들과 대신들 모두를 불러 성대한 조회를 열고 미앙궁 전전(前殿)에서 연회를 베풀고, 옥 술잔을 받쳐 들고 일어나 태상황을 위해 장수를 기원하며 말했다.

"옛날 태상황께서는 늘 신이 재주가 없어 생업을 꾸릴 수 없고 둘째 형처럼 노력하지도 않는다고 하셨습니다. 지금 제가 이룬 성취를 둘째 형과 비교하면 누가 많습니까?"

이에 궁전에 있던 신하들이 모두 만세를 외치고 큰소리로 웃으며 즐거워했다.

한 10년 8월, 조나라 상국 진희(陳豨)가 대(代)나라 땅에서 모반을 일으켰다.

고조가 말했다.

"진희는 일찍이 나의 관리였는데 매우 신임했다. 대 땅은 내게 아주 중요한 곳이라 그를 열후에 봉하여 상국이 되어 대를 지키게 했다. 왕 황(工黃) 등이 겁박하여 대 땅을 약탈하였다! 대 땅의 백성들은 아무 죄가 없으니 대 땅의 관리와 주민들을 사면하겠다."

9월에 군주가 동쪽으로 가서 진희를 공격하여 한단에 이르렀다.

군주가 기뻐하며 말했다.

"진희가 남쪽으로 와서 한단을 근거지로 삼지 않고 장수(漳水)를 막고 있으니 나는 그가 할 수 있는 것이 없음을 알겠다."

고조가 진희의 부장들이 모두 이전에 장사치들이었다는 말을 들었다.

고조가 말했다.

"내가 그들을 어떻게 대해야 할지 안다."

황금으로 그들을 유혹하니 투항하는 자가 많았다.

한나라 11년, 고조가 한단에서 진희를 완전히 정벌하지 못했는데, 진희의 장수 후창(侯敞)이 만여 명의 군사를 통솔하며 각지를 돌아다녔고, 왕황이 곡역(曲逆)에 군사를 주둔하였으며 장춘(張春)이 강을 건너 요성(聊城)을 공격했다. 한나라가 장군 곽몽(郭蒙)을 시켜 제나라 장수와 함께 그들을 공격하여 크게 격파하였다.

태위 주발(周勃)이 태원(太原)의 길로 들어와 대 땅을 평정하고, 마읍(馬邑)에 이르렀고 항복하지 않자 즉시 공격하여 마읍의 병사 대부분을 죽였다.

봄에 회음후 한신이 관중에서 모반을 꾀해 삼족을 몰살시켰다.

여름에 양왕(梁王) 팽월(彭越)이 모반을 꾀해 폐위시키고 촉나라 땅으로 쫓아냈다. 다시 모반을 일으키려고 하자 마침내 고조가 그의 삼족을 멸했다. 그의 아들 회(恢)를 양왕(梁王), 우(友)는 회양왕(淮陽王)으로 세웠다.

가을 7월, 회남왕(淮南王) 경포(黥布)가 모반을 일으키고 동쪽으로 형왕(荊王) 유고(劉賈)의 땅을 병합하고 북쪽으로 회수를 건너 초왕(楚王) 교(交)가 도주하여 설(薛) 땅으로 들어가니 고조가 친히 가서 그를 공격했다. 그의 아들 장(長)을 회남왕(淮南王)으로 세웠다.

한 12년 10월, 고조가 경포의 군대를 회추(會甀)에서 격파했다. 경포가 달아나자 별장을 시켜 그를 추격하게 했다.

고조가 돌아오다가 자신의 고향 패 땅을 지나게 되어 머물렀다. 패현의 궁에 술자리를 마련하고 옛 친구들, 어른들과 젊은이들을 불러 마음껏 술을 마셨다. 패현의 어린아이 백이십 명을 선발하여 노래를 가르쳤다. 술에 취하자 고조가 축(筑)을 연주하며 친히 노래를 지어 불렀다.

거센 바람이 불어 하늘의 구름이 휘날리고,
위세를 천하에 떨쳤으니 고향에 돌아왔네.
어찌 용맹한 용사를 얻어 사방을 지킬까!

이 노래를 어린아이에게 따라 불러 익히게 하였다. 고조가 춤을 추며 비분강개하여 마음이 슬퍼지니 눈물을 몇 줄 흘렸다.

패현의 어른들과 형제들에게 말했다.

"나그네는 고향을 슬퍼한다. 나는 비록 관중에 있지만 만 년 뒤에는 나의 혼백은 고향이 좋아 고향 패 땅을 그리워할 것이다. 또 짐은 패공이었을 때부터 포악한 역적들을 주살하고 마침내 천하를 평정했다. 그래서 패 땅은 짐의 탕목읍(湯沐邑)으로 삼고 부역과 세금을 면제시켜 주어 모두가 대대로 세금을 내거나 부역하지 않게 하겠다.

패현의 어른들과 형제들, 모든 부녀자와 옛 친구들은 날마다 즐거이 술을 마시며 기뻐했고 지난날을 말하며 웃으며 즐거워하였다.

10여 일이 지나 고조는 가려고 하자 패현의 어른들과 형제들이 고조가 더 머물기를 진심으로 청하였지만 고조가 말했다.

"내가 데리고 온 사람이 너무 많아서 그대들이 우리가 더 머물 비용을 부담할 수 없을 것이오."

고조가 떠나갔다. 현이 텅 빌 정도로 패현 사람들 대부분이 다 읍의 서쪽으로 가서 고조를 전송하며 고기와 술을 바치자, 고조가 서쪽 교외에서 갈 길을 멈추고 다시 머물면서 장막을 설치하고 함께 3일 동안 술을 마셨다.

패현의 어른들과 형제들이 모두 고개를 숙이고 말했다.

"패현은 다행히도 부역과 세금을 면제받았지만 풍읍(豐邑)은 아직 면제받지 못했습니다. 폐하께서 그들을 가엾게 여겨 주시기 바랍니다."

고조가 말했다.

"풍읍은 내가 나서 자란 곳이다. 결단코 잊을 수가 없다. 풍읍에 부역과 세금을 면제해주지 않는 것은 단지 옹치(雍齒)와의 연고 때문이다. 그는 나를 배반하고 풍읍을 위나라에 바쳤소!"

패현의 어른들과 형제들이 간청하자, 풍읍에 부역과 세금을 면제해주어 패현과 같게 하였다. 패후(沛侯) 유비(劉濞)를 오왕(吳王)의 벼슬을 수여했다.

고조의 장수들이 각자 경포의 군대를 공격하여 조수(洮水)의 남쪽과 북쪽에서 크게 쳐부수고 경포를 추격하여 파양(鄱陽)에서 참수하였다.

번쾌는 따로 병사를 이끌고 대 땅을 평정했고, 진희를 당성(當城)에서 참수했다.

12월, 진희의 부하 가운데 고조에게 투항한 부장이 말하였다.

"진희가 모반할 때, 연왕(燕王) 노관(盧綰)이 진희가 있는 곳으로 사람을 보내 함께 음모를 꾀했습니다."

2월, 고조는 번쾌와 주발을 보내 군대를 이끌고 가서 연왕 노관을 공격하게 했다.

고조가 경포를 공격할 때 빗나간 화살에 맞았는데 길을 가다가 병이 났다. 병이 심해지자 여후(呂后)가 좋은 의원을 불렀다. 의원이 들어가 알현하니 고조가 의원에게 물었다. 의원이 말하길 병이 치료될 수 있다고 말했다.

고조가 업신여기고 욕하며 말했다.

"나는 평민 신분으로 석 자 길이의 칼을 들고 천하를 얻었으니, 이것은 천명이 아니겠는가? 명은 하늘에 달려 있으니, 편작인들 무슨 도움이 되겠는가!"

결국 의원이 병을 치료하지 못하게 하고 금 50근을 하사하고 물러가게 했다.

잠시 후에 여후가 물었다.

"폐하는 백 년 후에 소상국이 죽으면 누구를 대신하게 합니까?"

임금이 말했다.

"조참이 할 수 있다."

여후가 또 그다음 사람을 물었다.

"왕릉(王陵)이 할 수 있다. 그러나 왕릉은 조금 고지식하니 진평의 도움이 필요하오. 진평은 지혜가 남을 정도이지만 혼자 일을 맡는 것은 어렵소. 주발은 점잖은데 학문이 부족해도 유씨를 안정시키는데 그가 반드시 필요하고 태위를 시킬 만하오."

여후가 또 그다음을 묻자 임금이 말했다.

"그 이후는 당신이 알 바가 아니오."

4월, 고조가 장락궁에서 세상을 떠났다. 나흘이 지나도록 발상하지 않았다.

여후가 심이기(審食其)와 의논하여 말했다.

"지금 여러 장수가 황제와 함께 호적 명부에 올랐던 평민이었다가 지금은 신하가 되어 항상 불만을 품고 있는데 이제 어린 군주를 섬기게 되었으니, 전부 다 멸족하지 않으면 천하가 안정되지 않을 것입니다."

어떤 사람이 이 말을 듣고 장군 역상(酈商)에게 말했다. 역장군이 심이기를 만나서 말했다.

"내가 듣건대 황제께서 이미 돌아가신 지 나흘이나 지났는데도 발상하지 않고 여러 장수를 죽이려 한다고 합니다. 만약 이렇게 한다면 천하가 위태로울 것이오. 진평과 관영이 10만을 거느리고 형양을 수비하고 있고, 번쾌와 주발이 20만을 거느리고 연나라와 대나라를 평정했는데, 이들이 황제가 돌아가시어 장수들이 모두 죽임을 당할 거라는 소식을 듣는다면 틀림없이 군대를 연합하고 회군하여 관중을 공격할 것이오. 대신들이 안에서 배반하고, 제후들이 밖에서 모반을 일으키면, 나라가 망하는 것은 <u>발꿈치를 들고 기다리는</u> 것처럼 될 것이오."

심이기는 궁에 들어가 여후에게 이 말을 전했다. 그래서 발상하고 천하에 대사면을 내렸다.

간체자 翘足而待 발음 차오 쭈 얼 다이 qiáo zú ér dài 편명 고조본기

| 해설 |

일이 곧 발생함을 비유하는 말이다.

'교족(翹足)'은 '교기(翹企)'와 같은 말로 발돋움하면서 기다린다는 뜻으로, '대(待)'라는 글자에는 머물다는 뜻이 포함되어 있어 발돋움하고서는 그런 자세를 오래 유지하며 머물게 할 수 없음에서 나온 성어다. 유사 성어는 '기족이대(企足而待)'이다.

심이기(?~기원전 177년)는 유방과 동향 패현 사람으로 사인(舍人) 신분으로 유방 처와 자식을 돌봐주어 점차 여치(呂雉)의 신임을 얻었다. 후에 벽양후(辟陽侯)에 봉해졌고 여후와의 친밀한 관계가 혜제(惠帝)에게 발각되어 주살하려고 하였으나 친구의 도움으로 몸을 피했고 마침내 여후가 죽은 후에 여씨 일가에게 피살되었다.

탕목읍(湯沐邑)이란 땅의 조세 수입이 목욕이나 할 정도로 적다는 뜻으로 천자나 제후의 식읍지를 비유하는 말이다.

우주(牛酒)란 고기와 술을 말하는데, 고대 중국에서는 선물하거나 증정할 때, 술과 음식으로 위로할 때 또는 제사의 물품으로 사용하였다. 『전국책』「제책(齊策)」(6)에 "제양왕(齊襄王)이 단(單)에게 고기와 술을 하사하고 그의 행동을 가상하게 여겼다"라고 하였고, 『후한서』「광무제기(光武帝紀)」(상)에 "광무제가 부절을 가지고 황하를 건너 북상하여 주군(州郡)의 관리와 백성들을 안정시키고 위로하였다. 군현(郡縣)에 이르러서는 군수와 장리(長吏), 삼로(三老), 관리들에서부터 아래로는 좌사(佐史)에 이르기까지 모두 만나보고 관리의 승진과 강등이 마땅했는지를 고찰하였는데 마치 주목(州牧)이 군국(郡國)을 순시하는 공무 처리와 같았다. 잘못 판결한 사건을 바로잡아 억울하게 옥살이하는 죄수들을 석방하였으며 왕망(王莽) 때의 가혹한 정치를 없앴고 한나라 때 관직 명칭을 회복하니 관리와 백성들이 기뻐하며 다투어 고기와 술을 가지고 영접하며 위로하였다"라고 하였다.

옹치(?~기원전 192년)는 진나라 말경 패현 사람으로 원래 패현의 세족(世族)이었다. 기원전 209년에 유방이 진나라에 반기를 들었을 때 옹치가 그를 따랐으므로 유방이 그에게 중임을 맡겼어도 옹치는 평소에 유방을 무시하였다. 출신이 서로 달라 유방이 농민의 아들이었기 때문이다. 진나라 군대가 풍읍에서 유방을 포위 공격했을 때 유방이 진나라 군대를 격파한 후 옹치에게 풍읍을 지키라고 했는데 옹치가 풍읍을 위나라 주불(周市)에게 바쳤다. 유방이 화가 나서 풍읍을 두 차례 공격하였지만 함락시키지 못했고, 할 수 없이 설현(薛縣)의 항량에게 투항하였다. 유방은 이 일 때문에 옹치를 원망하였다. 항량이 유방에게 군사를 빌려주어 유방이 옹치를 격파하였다. 후에 옹치가 조나라에 귀속되어 다시 유방에게 투항하였다. 기원전 202년, 한고조 유방이 공신에게 상을 내릴 때, 유방은 어떤 사람이 복종하지 않고 매일 소란을 피운다고 들어 장량에게 이를 물어보자 장량은 가장 원망하는 자에게 상을 내려야 모든 사람이 서로 상을 받으려고 노력한다고 건의하여 그대로 실행에 옮겨 이듬해에 옹치를 십방후(什邡侯)에 봉해 옹치는 열후가 되었다. 식읍이 2천 5백 호였고, 혜제(惠帝) 3년(기원전 192년)에 죽었다. 시호는 숙후(肅侯)이다.

백세(百歲)는 죽음을 뜻한다.

유방의 한나라 건립 공신이나 그의 부하였던 한신, 진희, 경포, 팽월 등과 같은 장수들이 어떻게 모반하고 피살되었는지 그 과정이 열거되어 있다.

45

좌측이나 우측으로 어깨를 벗지 않다

불좌우단(不左右袒)

태위 주발이 군사들에게 명령을 내린 말

여태후는 고조가 미천했을 때의 부인으로 효혜제(孝惠帝)와 딸 노원공주(魯元公主)를 낳았다. 고조가 한왕이 되었을 때, 정도(定陶) 사람 척희(戚姬)를 얻어 총애하고 조왕(趙王) 여의(如意)를 낳았다. 효혜제는 사람됨이 어질지만 나약하였으므로 고조는 자기와 닮지 않았다고 생각했다. 이에 그는 태자를 폐위하고 척부인의 아들 여의를 태자로 세우려고 하였다. 고조는 여의가 자기를 닮았다고 생각했기 때문이다.

척희는 총애를 받아 항상 고조를 따라 관동(關東)으로 가서 밤낮으로 울며 자기 아들을 태자로 세우려고 하였다. 여후는 나이가 많아 항상 머물고 지키기만 하여 황상을 만나는 일이 드물어 더욱 멀어지게 되었다. 여의를 조왕으로 세운 후에 여러 차례 태자를 대신할 뻔한 적이 있었다. 때마침 대신들이 논쟁을 벌였고 또 유후(留侯)가 대책을 내놔 태자는 폐위에서 벗어났다.

여후는 사람됨이 강단이 있고 굳세어서 고조를 도와 천하를 평정했으

不 아니 불　左 왼쪽 좌　右 오른쪽 우　袒 웃통 벗을 단

며, 공신을 포함한 대신들을 죽일 때도 대부분 여후의 계책 덕분이었다.

고조 12년 4월, 장락궁에서 붕어하고 태자가 자리를 이어받아 황제가 되었다. 고조에게는 아들이 8명 있었다. 장남 비(肥)는 효혜제(孝惠帝)의 형으로 모친이 달랐고 제왕(齊王)이 되었다. 나머지는 모두 효혜제의 동생들인데 척희의 아들 여의는 조왕이 되었고, 박부인(薄夫人)의 아들 항(恒)은 대왕(代王)이 되었으며, 여러 희비(姬妃)의 아들 중 회(恢)는 양왕(襄王), 우(友)는 회양왕(淮陽王), 장(長)은 회남왕(淮南王), 건(建)은 연왕(燕王)이 되었다. 고조의 동생 교(交)는 초왕(楚王), 고조 형의 아들 비(濞)는 오왕(吳王)이 되었으며, 유씨는 아니지만 공신인 번군(番君) 오예(吳芮)의 아들 신(臣)은 장사왕(長沙王)이 되었다.

여태후는 척부인과 그의 아들 조왕 여의에게 원한을 품고 있었기에 즉시 죄지은 궁녀를 유폐하는 영항(永巷)에 척부인을 가두게 하고 조왕을 불러들였다.

효혜제는 사람이 인자하여 태후의 분노를 알았기 때문에 패상에서 몸소 조왕을 맞이하여 함께 궁궐에 들어가 조왕과 함께 기거하며 밥을 먹었다. 여태후가 조왕을 죽이려고 하여도 기회를 얻지 못하였다. 효혜제 원년 12월, 효혜제가 새벽에 활을 쏘러 나갔다. 조왕은 어려서 일찍 일어날 수 없었다. 여태후는 그가 혼자 있다는 말을 듣고, 사람을 보내 독을 탄 술을 가지고 가서 그에게 먹였다. 해 뜰 무렵, 효혜제가 돌아와 보니, 조왕은 이미 죽어 있었다.

태후는 끝내 척부인의 손과 발을 자르고 눈알을 뽑고 귀를 불에 굽고 말하지 못하는 약을 마시게 하고는 측간에 살게 하며 '사람 돼지'라고 하였다. 며칠 후에 효혜제를 불러 구경하게 했다. 효혜제가 보고 나서 물어보고 나서야 그녀가 척부인임을 알고 통곡하였다. 이 일 때문에 병이 나서 일 년이 지나도록 자리에서 일어나지 못했다.

효혜제는 다른 사람을 보내 태후에게 간청해 말했다.

"이것은 사람으로서 할 수 있는 일이 아닙니다. 신은 태후의 아들로서 도저히 천하를 다스릴 수 없습니다."

효혜제는 이날부터 술을 마시고 음란한 환락에 빠져 정사를 듣지 않았으며 이 때문에 병까지 생겼다.

효혜제 7년 가을 8월, 혜제가 세상을 떠났다. 발상하는 동안 태후는 소리 내어 곡할 뿐 전혀 눈물을 흘리지 않았다. 유후의 아들 장벽강(張辟強)은 시중(侍中)으로 나이가 겨우 열다섯 살이었는데 승상에게 말했다.

"태후께서는 아들이 단지 혜제 하나뿐이었는데, 지금 세상을 떠났는데도 소리 내어 곡할 뿐 슬퍼하지 않으니, 그대는 그 까닭을 아십니까?"

승상 진평(陳平)이 말했다.

"무슨 까닭이 있냐?"

"황제에게 장성한 아들이 없으니 태후께서는 당신 같은 대신들을 두려워하기 때문입니다. 그대들이 여씨(呂氏)들을 장군으로 임명해주길 청하여 남군과 북군의 군사를 통솔하게 하고 여씨들을 모두 궁궐에 들어오게 하여 궁중에 기거하며 권세를 마음대로 부리게 하면, 태후는 마음이 편안할 것이며 당신들도 다행히 화를 벗어날 수 있을 것입니다."

이에 승상이 장벽강의 계책을 따랐다. 태후는 기뻐하면서도 곡하고 슬퍼했다. 여씨 정권이 이로부터 비로소 시작되었다.

고후(高后) 원년(기원전 187년), 호령(號令)이 전부 여태후에게서 나왔다.

여태후가 황제의 직권을 행사하여 대신들을 소집하고 여씨들을 왕으로 세우려고 우승상 왕릉(王陵)에게 상의하며 물었다.

왕릉이 말했다.

"고조께서 유씨가 아닌데 왕 노릇 하면 천하가 함께 그를 치라고 하셨습니다. 지금 여씨를 왕으로 세우는 것은 약속을 어기는 것입니다."

그러자 태후는 불쾌했다. 다시 좌승상 진평과 강후(絳侯) 주발(周勃)에게 물었다.

그러자 주발이 대답했다.

"고조께서 천하를 평정한 후에 자제분들을 왕으로 삼으셨습니다. 태후께서 황제의 직권을 행사하신다면 이는 형제와 여씨들이 왕이 되는 것처럼 안 될 것도 없습니다."

태후는 기뻐하였다. 조회가 파하자, 한편 왕릉이 진평과 주발을 꾸짖으며 말하였다.

"처음에 고제와 함께 피를 흘리며 맹세할 때 그대들도 같이 있지 않았소? 지금 고제가 붕어하셨고 태후가 여자 군주가 되어 여씨들을 왕으로 세우려고 하는데 그대들은 여후의 사욕을 따르고 아부하며 맹약을 저버리려고 하니, 무슨 면목으로 지하에 계신 고제(高帝)를 뵐 수가 있겠소?"

진평과 강후가 말했다.

"지금 서로 마주하며 과실을 힐난하고 조정에서 의견을 다투는 것은 저희가 당신만 못해도, 사직을 보전하고 유씨의 후손을 안정시키는 것은 당신이 저희보다 못할 것입니다."

왕릉은 할 말이 없었다.

11월, 태후가 왕릉을 폐하려고 그를 황제의 태부(太傅)에 제수하고 우승상의 권세를 빼앗았다. 그러자 왕릉은 병을 핑계로 관직에서 물러나 고향으로 돌아갔다. 좌승상 진평을 우승상으로 삼고, 벽양후 심이기(審食其)를 좌승상으로 삼았다. 좌승상에게 정무를 보지 않고 궁중 일을 감독하게 명하였으니 낭중령과 같았다. 심이기는 태후의 총애를 받아서 항상 권세를 마음대로 부리며 일을 처리하고, 공경 대신들의 일은 전부 그에 의해 결정되었다. 드디어 여후의 오빠 역후(酈侯) 여택(呂澤)의 아버지를 도무왕(悼武王)으로 추존하고, 여태후는 여씨 일족을 모두 왕으로 봉하는 일을 점차 실행하였다.

4월, 여태후는 여씨 일족을 후(侯)로 봉하였다.

고후(高后) 7년 7월 중순에 태후의 병세가 위독해지자 조왕(趙王) 여록(呂祿)을 상장군으로 임명하여 북군(北軍)을 통솔하도록 하고, 여왕(呂王) 여산(呂産)은 남군(南軍)을 통솔하도록 했다. 태후가 여산과 여록에게 훈계하며 이렇게 말하였다.

고조가 천하를 평정했을 때 대신들과 "유씨가 아니면서 왕 노릇을 하는 자가 있으면 천하가 함께 그를 토벌할 것이다"라고 맹약하였거늘, 지금 여씨가 왕이 되었으니 대신들은 마음속으로 불평하고 있을 것이오. 내가 죽으면 황제는 나이가 어려서 대신들이 아마 난을 일으킬 것이니, 그대들은 반드시 병권을 장악하여 황궁을 지키고 나를 위해서 장사 지내지 말며, 사람들에게 제압당하지 않도록 하시오.

여태후가 서거하였다.
여산을 상국(相國)에 임명하였고 여록의 딸을 황후로 삼았다.
여태후가 안장된 후, 좌승상 심이기를 황제의 태부로 임명하였다.

주허후(朱虛侯) 유장(劉章)은 기백과 힘이 있었다.
당시에 여씨 일족이 권세를 마음대로 부리고 정권을 전횡하며 반란
을 일으키려고 했지만, 고조 유방의 옛 대신 주발(周勃)과 관영(灌嬰)
등이 두려워서 감히 발동하지 못하고 있었다. 주허후의 부인은 조왕(趙
王) 여록(呂祿)의 딸이었다. 주허후는 덕분에 여씨 일족의 음모를 남몰
래 알게 되었어도 주살을 당할까 두려워서 주허후의 형 제왕(齊王)에게
알려 형이 군사를 서쪽에서 출동시켜 여씨 일족을 주멸하고 황제에 오
르도록 하였다. 주허후 자신은 궁궐 안에서 대신들과 호응하기로 했다.
제왕이 군사를 출동시키려고 하는데 승상이 명을 듣지 않았다.
8월, 제왕이 사람을 시켜 승상을 죽이려고 하는데 승상 소평(召平)
이 반란을 일으켜 거병하고 왕을 포위하려고 했다. 왕이 승상을 죽이
고 군사를 발동하여 동쪽으로 갔다.

한나라 조정에서 이 사실을 듣고, 상국 여산 등은 관영에게 병사를
이끌고 제왕을 공격하게 했다.
관영은 제왕과 제후들에게 사신을 보내어 서로 연합하여 여씨가 반
란을 일으키기를 기다렸다가 함께 그들을 토벌할 것을 알리게 하였다.

여록과 여산은 관중에서 반란을 일으키려고 했지만, 안으로는 주발과 유장 등을 두려워했고, 밖으로는 제(齊)와 초(楚)의 병사를 두려워했으며, 또 관영이 여씨를 배반할 것이 걱정되어 관영의 군사가 제나라와 연합하여 출동할 때를 기다렸다가 주저하며 모반을 결행하지 못했다.

조왕 여록과 양왕 여산은 각기 병사를 이끌고 남군과 북군에 있었는데, 모두가 여씨 일족이었으므로 열후와 대신들은 자신들의 목숨을 보장할 수가 없었다.

태위 주발은 군영 안으로 들어가서 병권을 장악할 수가 없었다.

좌승상 심이기가 면직되었다.

8월, 평양후(平陽侯) 조줄(趙屈)은 어사대부 일을 대행했는데, 상국 여산을 만나 정사를 상의했다. 제나라에 사신으로 갔던 낭중령 가수(賈壽)가 돌아와서 이 일을 책망하며 말했다.

"왕이 일찍 봉국으로 가지 않았는데 지금 비록 가려고 한다 해도 갈 수 있겠습니까?"

그리고는 관영이 제(齊), 초(楚)와 합종하여 여씨 일족을 주멸하려고 한다는 사실을 여산에게 상세히 보고하였다. 평양후는 이 말을 듣고 즉시 달려가서 승상 진평과 태위 주발에게 알렸다. 태위가 북군으로 들어가려고 했으나 들어갈 수가 없었다. 부절을 관리하는 양평후(襄平侯) 기통(紀通)에게 부절을 가지고 가서 황제의 칙령이라고 거짓으로 꾸며서 태위 주발이 북군 안으로 들어가게 되었다. 태위는 곡주후(曲周侯) 역상(酈商)의 아들 역기(酈寄)와 전객(典客) 유게(劉揭)를 보내 먼저 여록을 설득하게 했다.

"황제께서 태위에게 북군을 지키게 하고 장군은 봉국으로 가게 하려 하니, 장군의 인수를 돌려주고 떠나십시오. 그렇지 않으면 장차 재앙이 일어날 것입니다."

여록은 역기가 자기를 속이지는 않을 것이라고 여겨서 마침내 인수를 풀어 전객에게 맡기고 병권은 태위 주발에게 넘겨주었다.

태위는 장군의 인수를 들고 북군의 정문을 들어서서 군사들에게 명령했다.

"여씨를 따를 자는 오른쪽 어깨를 벗고, 유씨를 따를 자는 왼쪽 어깨를 벗어라."

군사들은 모두 왼쪽 어깨를 벗어서 유씨를 따를 것을 표시했다.

태위가 떠나가서 북군에 도달할 즈음에 장군 여록은 이미 상장군의 인수를 풀어 내놓고 군영을 떠난 뒤여서 태위 주발은 드디어 북군을 통솔하게 되었다.

그러나 남군은 여전히 여씨가 장악하고 있었다. 평양후는 여산의 음모를 듣고 그 음모를 승상 진평에게 알리자, 승상 진평은 주허후 유장을 불러서 태위 주발을 보좌하도록 하였다. 태위 주발은 주허후 유장에게 군대의 정문을 감독하도록 분부하고, 평양후를 시켜서 미앙궁(未央宮) 방위를 맡은 위위(衛尉)에게 고하였다.

"상국 여산을 궁전 문으로 들여보내지 말라."

여록이 이미 북군을 떠났다는 것을 몰랐던 여산은 미앙궁으로 들어가서 난을 일으키려고 하였으나 궁궐 문을 들어갈 수 없게 되자 주위를 배회하였다. 평양후는 이기지 못할까 걱정되어 태위에게 달려가 보고하였다. 태위는 여씨들을 이기지 못할까 두려워하여 과감히 공공연하게 여씨들을 주살해야 한다고 선포하지 못하고 주허후를 파견하면서 말했다.

"급히 궁에 들어가 황제를 호위하라."

주허후가 병사를 요청하자, 태위가 군사 천여 명의 병사를 주었다. 주허후가 미앙궁에 들어가 궁문에서 배회하는 여산을 보았다. 해가 질 무렵, 주허후가 여산을 공격했고 여산은 도주했다. 이때 갑자기 하늘에서 광풍이 불어와 여산을 따르던 시종들이 혼란에 빠져 아무도 저항하는 자가 없었다. 여산을 쫓아가 낭중부(郎中府) 관리의 측간에서 여산을 죽였다.

주허후는 급히 말을 몰아 북군으로 돌아와서 태위에게 보고하였다. 주발은 일어나 주허후 유장에게 축하 인사를 하며 말했다.

"걱정되었던 자는 여산뿐이었는데 지금 이미 주살되었으니 천하는 안정될 것이오."

사람들을 파견하여 여씨 일족을 체포한 뒤에 남녀노소를 막론하고 모두 참수하였다. 여록을 붙잡아서 참수하였다.

황제의 태부 심이기를 다시 좌승상에 임명했다.

대신들은 함께 은밀히 모의하여 말하였다.

대왕(代王)은 지금 생존하는 고조의 아들 중에서 가장 나이가 많으며, 사람됨이 어질고 효성스러우며 관대할 뿐만 아니라 태후 박부인의 친정 박씨도 근엄하고 선량한 집안이오. 또 장자를 황제로 세우는 것이 순리에 맞고 대왕은 어진 마음과 효성이 지극함이 천하에 이름이

나 있으니 그를 황제로 옹립하는 것이 좋을 듯하오.

대신들이 서로 은밀히 사신을 보내 대왕을 불러 천자로 옹립하였는
데 대왕은 사람을 보내 사양한다고 했다. 다시 사신을 보내고 난 뒤에
야 대왕은 여섯 필의 말이 끄는 수레를 탔다.

대신들이 대왕을 알현하고 천자의 옥새를 받들어 대왕에게 바치고
함께 추대하여 천자로 세웠다. 대왕이 여러 차례 사양했으나 군신들이
간청하자 받아들였다.

대왕이 태위 주발을 불렀다.

밤에 관원들이 나누어 가서 양왕, 회양왕, 상산왕과 소제를 관저에
서 죽였다.

대왕이 자리에 올라 천자가 되었다.

대왕이 자리에 오른 지 23년 만에 세상을 떠났다. 시호는 효문황제이다.

간체자 不左右袒 **발음** 부 쭤 여우 탄 bù zuǒ yòu tǎn **편명** 여태후본기 呂太后本紀

| 해설 |

좌측과 우측 어깨를 벗는다는 뜻으로, 양쪽 어깨를 다 드러내는 것
은 어떤 한쪽을 편들지 않는다는 뜻을 나타낸다.

여기에서는 한고조 유방이 죽은 후에 조정 내에서 여후의 일가 및
후손 여씨와 고조 유씨와의 권력투쟁에서 태위 주발이 군사들에게 왼
쪽과 오른쪽의 어깨를 드러내는 것으로 여씨와 유씨 둘 중에 한쪽을
선택하라고 명하였는데, 군사들은 모두 왼쪽 어깨를 벗어서 유씨를 따

를 것을 표시한 것이다.

역후(酈侯)는 여후(呂后)의 오빠 여택(呂澤)이다. 여택은 유방이 군사를 일으켰을 때 한나라 장수로 공을 세웠다. 고조 6년(기원전 201년) 주여후(周呂侯)에 봉해졌고, 고조 8년에 죽었다. 그의 후손들은 다시 여후(酈侯)에 봉해졌다.

전거(傳車)는 역참(驛站) 전용 수레를 말한다.

대왕(代王)의 이름은 유항(劉恒)이고 문제(文帝)로 무제(武帝)의 부친이다.

46

개의 어금니와 같이 들쭉날쭉하여 서로 견제하다

견아상제(犬牙相制)

고조 유방의 자제들에게 나눠준
봉국(封國)의 경계선에 대해 중위 송창이 한 말

효문 황제는 고조(高祖)의 여덟 명의 아들 가운데 넷째 아들이다. 그는 고조 11년(기원전 196년) 봄 진희(陳豨)의 군대를 격파하여 대(代) 땅을 평정한 뒤, 대왕(代王)이 되어 중도(中都)에 도읍했다. 태후 박씨의 아들이다. 그가 대왕이 된 지 17년째 되던 해, 고후 8년 7월에 여태후가 세상을 떠났다. 9월에 여씨 일족이 반란을 일으켜 유씨 천하를 위태롭게 했으나 대신들이 함께 힘을 모아서 그들을 죽이고 모의하여 대왕을 영접하고 황제로 세웠다.

승상 진평(陳平)과 태위 주발(周勃)이 사람을 보내 대왕을 영접하도록 했다. 대왕이 좌우 측근들과 낭중령(郎中令) 장무(張武) 등에게 이일에 대해 의견을 물었더니, 장무가 건의하였다.

"진평과 주발은 고조의 대장들로 군사(軍事)를 처리하는 솜씨가 능숙하고 모략과 기만에 뛰어난 자들입니다. 그들의 진짜 속셈은 단지 대신

犬 개 견　牙 엄니 아　相 서로 상　制 억제할, 금할 제

이란 자리에 만족하는데 머물지 않고 특별히 고제와 여태후의 위세만 두려워했을 뿐입니다. 지금 막 여씨들을 주살하여 피가 궁에 낭자하여 아직 마르지도 않았으니 대왕을 영접한다는 명분을 내세우지만 실은 믿을 수 없습니다. 대왕께서는 병을 핑계 대고 가지 마시고 사태를 관망하시기 바랍니다."

중위(中尉) 송창(宋昌)이 진언하였다.

"여러 신하의 의견은 틀렸습니다. 진나라는 조정의 정치가 부패하고 제후와 호걸들이 봉기하여 스스로 천하를 얻겠다고 일어난 사람이 수없이 많았지만 결국 천자의 위치에 오른 사람은 유씨였습니다. 천하의 호걸들은 이미 천자의 자리가 끊겨 희망이 없게 된 것이 첫 번째 이유입니다. 또 고제께서 자제들을 왕에 봉하신 것은 그들의 봉국(封國)의 경계선이 개의 어금니와 같이 들쭉날쭉하여 서로 견제하게 되어 있어, 이른바 반석과 같이 굳건한 집안이 되었으니 천하가 그러한 강한 한나라에 복종하고 있는 것이 두 번째 이유입니다. 한나라가 흥성하여 진나라의 가혹한 정치를 제거하고 법령을 간소하게 하였으며, 은덕을 베풀어 백성들이 모두 만족하여 동요하지 않는 것이 세 번째 이유입니다. 여태후의 위엄으로 여씨를 세 명이나 왕으로 세웠고 정권을 전횡하며 권세를 마음대로 부렸으나 태위 주발은 부절 하나로 북군에 들어가 병사들을 한 번 호령하여 모두 웃통을 벗어 유씨를 따랐으니 유씨를 위하고 여씨들을 배반하여 결국은 여씨들이 사라졌습니다. 이것은 하늘이 내려준 것이지 사람의 힘으로 될 수 있는 것이 아닙니다. 몇 명의 대신이 딴마음을 품어도 백성들이 따르지 않을 것입니다. 저무리라고 어찌 오로지 한마음으로 따르며 흩어지지 않을 수가 있겠습니까? 지금 안으로는 주허후 유장, 동모후(東牟侯) 유흥거(劉興居) 등의 황족을 두려워하고 밖으로는 오왕, 초왕, 회남왕, 낭야왕, 제왕 대왕의 강성함을 두려워하고 있습니다. 지금 고제의 아드님은 회남왕과 대왕뿐인데, 대왕께서 연장자이시고 대왕의 현명함과 인자함이 천하에 잘 알려져 있으므로 대신들이 세상 사람의 마음을 쫓아서 대왕을 황제로 영접하고자 하는 것이오니, 대왕께서는 의심하시지 마십시오."

대왕은 태후에게 알려 상의했으나 주저하며 결정할 수 없었다.

대왕은 태후의 동생 박소(薄昭)를 보내 강후(絳侯)를 만나보게 하였는데, 강후 등은 모두 박소에게 대왕을 영입할 뜻이 있다고 말했다. 박소가 돌아와 보고하였다.

"믿으십시오. 의심하지 마십시오."

대왕이 웃으면서 송창에게 말했다.

"과연 공이 말한 것과 같구려."

대왕은 즉시 송창에게 명하여 같은 수레에 참승하라고 했고 장무 등 여섯 사람도 전거를 타고 같이 장안으로 갔다. 고릉(高陵)에 이르러 멈춘 다음 송창에게 먼저 수레를 바꿔 타고 달려가 장안의 동태를 살펴보게 했다.

송창이 위교(渭橋)에 도착하니 승상 이하 모두가 맞이했다.

태위 주발이 진언했다.

"원컨대 단독으로 말씀드리기를 청합니다."

송창이 말했다.

"하실 말씀이 공적인 일에 관한 것이라면 공개적으로 하셔도 무방해도 사적인 일에 관한 것이면 왕이 된 사람은 개인적인 사정은 받지 않습니다."

이에 태위는 무릎을 꿇고 천자의 옥새와 부절을 바쳤다.

대왕이 사양하며 말했다.

"나의 관저에 가서 논의합시다."

마침내 말을 달려 대왕의 관저로 갔다. 군신들이 따라왔다. 승상 진평, 태위 주발, 대장군 진무, 어사대부 장창(張蒼), 종정(宗正) 유영(劉郢), 주허후 유장, 동모후 유흥거, 전객 유게 모두가 재배하며 말했다.

"신들은 삼가 음안후(陰安后), 열후의 경왕후(頃王后)와 낭야왕, 종실, 대신, 열후, 이천석(二千石) 관리에게 논의를 청하여 말하길, '대왕(大王)께서는 고제(高帝)의 장자이니 마땅히 고제의 후사가 되어야 한다'고 하였으므로 바라건대 대왕께서는 천자의 자리에 오르셔야 합니다."

그러나 대왕이 말하였다.

"고제의 종묘를 받드는 일은 중요한 일인데 재주가 없어 종묘 일을 감당하기에 부족합니다. 초왕에게 청하여 마땅한 사람을 논의하길 바랍니다. 과인은 감히 감당할 수 없습니다."

군신들이 모두 엎드려 간청하자, 대왕은 서쪽을 향해 세 번 사양하고, 남쪽을 향해 두 번 사양했다.

승상 진평 등이 모두 말하였다.

"신은 엎드려 생각해도 대왕께서 고제의 종묘를 받드는 데 가장 적합하며, 비록 천하의 제후들과 만백성들 일지라도 대왕께서 적임자라고 생각하고 있을 것입니다. 신 등은 종묘와 사직을 생각하면 감히 소홀히 할 수가 없사오니 대왕께서 다행히 우리들의 의견을 들어주시길 바랍니다. 신들은 재차 삼가 천자의 옥새와 부절을 받들어 올립니다."

그러자 대왕이 말했다.

"종실, 장상, 왕과 열후 가운데 과인보다 적합한 자가 없다고 생각한다면 과인은 더는 차마 사양하지 않겠소."

그러고는 드디어 천자의 자리에 올랐다.

간체자 犬牙相制 발음 췐 야 자오 춰 quǎn yá jiāo cuò 편명 효문본기 孝文本紀

| 해설 |

서로 견제하기 위해 뒤얽혀 복잡하게 접해 있는 것을 비유하는 말이다.

'제(制)'는 '견제(牽制)'의 뜻으로, 개의 이가 어긋나게 물려 있는 것처럼 국가의 국경이 볼록 나오고 오목 들어가 있는 형세를 나타냈다.

한나라 초에 설치된 중위(中尉)는 도성을 지키는 북군을 통솔하였는데 무제 때 집금오(執金吾)로 개칭되었다가 다시는 금군(禁軍)을 지휘하지 않았고 전문적으로 치안과 규찰을 담당하였으며 지위가 매우 높았다.

음안후(陰安后)는 유방의 큰 형의 부인이고, 열후의 경왕후(頃王后)는 유방의 둘째 형의 부인이다.

47

비판을 위한 팻말

비방지목(誹謗之木)

한문제가 간언을 듣기 위해 인용하며
옛날 선왕들이 조정에 설치한 것에 대해 말

효문황제 원년 12월에 황제가 말했다.

"법이란 올바른 통치의 근거이며 포악한 짓을 금하여 선(善)으로 인도하는 것이오. 법을 범하여 이미 형벌을 받았는데도 죄 없는 그의 부모나 처자, 자식, 형제 등도 연좌시켜서 체포하여 처벌하는 것을 짐은 찬성하지 않소. 논의하시오."

담당 관원들이 대답했다.

"백성들은 스스로 다스리지 못하므로 법으로 금해야 합니다. 연좌제(連坐制)는 마음에 부담을 주어 함부로 법을 범하지 못하게 하는 것으로 존속한 지 오래되었으니 예전 그대로 실시하는 것이 좋겠습니다."

이에 황제가 말했다.

"법이 바르면 백성들이 성실하고, 죄를 정당하게 처벌하면 백성들이 복종한다고 하였소. 또 관리는 백성을 다스려서 선으로 인도해야 하는

誹 비방할 비 謗 헐뜯을 방 之 갈, 어조사 지 木 나무 목

데, 백성들을 올바르게 인도하지 못하고 게다가 올바르지 못한 법으로 다스린다면, 이는 오히려 백성들에게 해를 끼치게 되고 그러면 백성들이 난폭한 짓을 하게 되는 것이오니, 어찌 나쁜 짓을 하지 못하게 금할 수 있겠소? 짐은 연좌제에 무슨 좋은 점이 있는지 모르겠소. 심사숙고 하기 바라오."

그러자 관원들이 대답했다.

"백성들에게 큰 은혜를 내리시어 덕이 성대해지니 신 등이 생각해 내지 못한 것이므로 청컨대 황상의 조서를 받들어 연좌로 처벌하는 율령을 폐지하도록 하겠습니다."

정월에 조정 대신들이 말했다.

"태자를 일찍 세우는 것은 종묘를 높이 받드는 것이오니 태자를 정하시길 청합니다."

황제는 이렇게 대답했다.

"만약 덕이 있는 자를 선발하여 짐이 끝낼 수 없었던 일들을 완성한다면 이것은 사직의 아버지요 천하의 복이로다. 지금 어질고 능력 있는 사람을 선발하지 않고 반드시 내 아들을 태자로 세우겠다고 말한다면, 사람들은 짐이 어질고 덕이 있는 사람들을 잊고 오로지 자기 아들만 생각하고 천하에 대해서는 걱정도 하지 않는다고 할 것이오. 짐은 이런 일은 하지 않겠소."

황제가 다음과 같이 명했다.

"옛날에 선왕들이 천하를 다스릴 때 조정에는 올바른 진언을 위한 깃발과 비판을 위한 팻말을 두어 다스리는 길을 소통시키고 간언하는 자들을 나오게 하였다. 지금의 법에는 비방하거나 요사스러운 말에 대한 죄가 있는데, 이는 뭇 신하들에게 마음에 있는 바를 다 쏟아내지 못하게 하는 것이며, 황제에게는 자신의 과실을 들을 기회를 없애는 것이다. 이렇다면 장차 어떻게 먼 곳의 어질고 양심 있는 이들을 오게 할 수 있겠는가? 이 죄목을 없애라!"

간체자 诽谤之木 **발음** 페이 방 즈 무 fěi bàng zhī mù **편명** 효문본기

| 해설 |

백성들의 마음을 파악해서 올바른 정치를 하는 것을 비유하는 말이다.

요임금은 항상 자기가 무슨 잘못이라도 저지르지 않을까 걱정했다. 궐문 앞에 큰 북을 매달았고, 대궐 입구에는 나무기둥을 세웠다. 임금한테 쓴소리하고 싶거나 억울한 것이 있으면 서슴없이 쳐서 알리고, 나무기둥은 임금의 정치에 대한 불만을 적으라는 것이었다. 그 북을 '감간지고(敢諫之鼓)', 나무기둥을 '비방지목(誹謗之木)'이라고 하였다.

조선 태종 1401년에 등문고(登聞鼓)를 설치했다가 곧 신문고(申聞鼓)로 바꾸었는데 백성이나 관리가 억울한 일이 있어 청원, 상소, 고발 등을 하려고 신문고를 울려서 왕에게 직소하였다. 조선 시대 동안에 여러 차례 폐지, 복구를 반복하였다. 억울함을 풀어주기 위함이었으나 사용이 엄격히 통제되어 실제 효과는 별로 없었다고 한다.

48

허물을 고치어 스스로 새롭게 되다

개과자신(改過自新)

죄지은 제(齊) 땅의 태창령을 위해
그의 딸이 황제에게 올린 글에서 한 말

효문 황제 13년 여름에 황제가 말했다.

"천도(天道)에 대해 들어보니, 재앙은 원한에서 비롯되고, 복은 덕으로부터 생겨난다고 하였소. 백관의 잘못은 당연히 짐에게서 비롯된 것인데, 지금 관원들은 모든 잘못을 아랫사람들에게 돌려 짐의 부덕함을 가중하고 있으니, 앞으로는 이런 일이 없도록 하시오!"

제(齊)의 태창령(太倉令) 순우공(淳于公)이 죄를 지어서 육형(肉刑)을 당하게 되어 감옥을 관리하는 관원들이 그를 체포하여 장안으로 압송하였다.

태창령에게 아들은 없고 딸만 다섯이 있었는데, 그가 압송당할 때 딸을 원망하였다.

"자식 가운데 아들이 없으니 어려운 일이 있어도 도움이 전혀 되지 못하는구나!"

그러자 작은딸 제영(緹縈)이 슬피 울며 부친을 따라서 장안으로 와서 황제에게 글을 올렸다.

改 고칠 개 過 허물 과 自 스스로 자 新 새, 새로워질 신

"소녀의 부친은 관리였습니다. 제 땅에서는 모두 청렴하고 공정하다고 칭찬을 들었습니다. 지금 법을 범하여 형벌을 받게 되었습니다. 사형에 처한 자는 다시 살아날 수 없고, 육형을 당한 자는 다시는 원래의 모습을 회복할 수 없어, 비록 <u>잘못된 행실을 고치어 스스로 새사람이 되고자 하여도 그럴 길이 없음</u>을 슬퍼합니다. 바라옵건대 소녀가 관가의 노비가 되어 제 아비의 죄를 갚고자 하오니, 제 아비를 새사람이 될 수 있도록 해주십시오!"

이 글을 천자께 상주하니, 천자는 그녀의 뜻을 불쌍하게 여겨 조서를 내려서 말했다.

지금의 법에는 육형이 세 가지나 있어도 범죄는 그치지 않고 있으니, 그 잘못은 짐의 덕이 두텁지 못하고 교화가 밝지 못한 까닭이다. 교화의 방법이 훌륭하지 못하여 어리석은 백성들이 그런 범죄의 길로 빠지고 있음을 심히 부끄럽게 생각하고 있다. 지금 백성들에게 잘못이 있으면 교화하기도 전에 형벌을 먼저 가하고 혹 잘못을 고쳐서 선을 행하고자 해도 그럴 길이 없으니, 짐은 이를 심히 불쌍히 여기고 있다. 육형이 본인과 그의 부모 모두에게 그 얼마나 고통스럽고 부덕한 일인가? 앞으로는 ~~육형을~~ 폐지하도록 하라!

간체자 改过自新 **발음** 가이 궈 쯔 신 gǎi guò zì xīn **편명** 효문본기

| 해설 |

지난날의 허물을 고쳐 착한 새사람이 된다는 뜻으로, '개과천선(改過遷善)'과 같은 말이다.

49

농사는 천하의 근본으로
힘쓸 일 중에서 이보다 더 큰 일은 없다

농천하지본(農天下之本)
무막대언(務莫大焉)

황제가 농사를 권장하기 위해 한 말

황제가 말하였다.

"농사는 천하의 근본으로 힘쓸 일 중에서 이보다 더 큰 일은 없다. 지금 열심히 농사일에 종사해도 세금을 내야 하는데 이는 본말이 다른 것이 아니어서 농사를 권장하기에는 아직은 준비가 덜 된 것이라 할 수 있다. 이후에는 농사일에 부과하는 세금을 없애도록 하시오."

간체자	农天下之本, 务莫大焉
발음	눙 텐 샤 즈 번 nóng tiān xià zhī běn
	우 모 다 옌 wù mò dà yān
편명	효문본기

農 농사 농　天 하늘 천　下 아래 하　之 어조사 지　本 근본 본
務 힘쓸 일 무　莫 없을 막　大 큰 대　焉 어조사 언

농업이 국가사업 중에서 가장 중요한 일임을 강조하는 말이다.

문제는 제왕이 직접 경작하던 적전(籍田)을 개간하여 친히 농사를
지어서 종묘의 제사 음식을 대기도 하여 백성의 모범을 보였고, 법률
에 대한 개혁을 실행하여 연좌와 육형의 폐지, 세금 경감, 후장(厚葬)
반대, 강한 군대 건설로 흉노의 침입을 막아내는 등 이른바 '문경지치
(文景之治)'를 이룩하였다.